●指導者のみなさまへ●

…ダル、銀メダルをはってあげましょう。

勉…ルを上手に利用してください。

since 1890
受験研究社

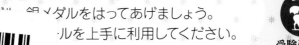

小学 標準問題集 1年 国語 読解力

この本の特色 ー指導される方々へ

① 基礎から応用まで３ステップ式で構成されているので、国語の読解問題が苦手な児童も無理なく実力アップがはかれます。

② 国語の出題の中心である読解問題を集中的に学習することができ、テストで確実な得点アップが見込めます。

③ こたえ（別冊）の「考え方」や「ここに注意」では、問題のくわしい解き方や注意すべきポイントが示されているので、十分に理解しながら学習を進めることができます。

もくじ

本書に関する最新情報は，当社ホームページにある本書の「サポート情報」をご覧ください。

（開設していない場合もございます。）

1 ことばの いみ

学習のねらい

言葉の意味は、読む、書くなど、基本的な学習に必要な知識です。分からない言葉については、辞書などで調べる習慣をつけて身につけるようにします。

べんきょうした日　月　日

ステップ 1

1 つぎの ―線《せん》の ことばと おなじ いみの ことばを あとから えらび、きごうで こたえましょう。

① 外《そと》から あかるい 歌《うた》が きこえる。

ア ようきな　イ へんな　ウ おかしな　エ かわいい　（　）

② 学校《がっこう》を 休《やす》んだ りゆうを はなす。

ア けっか　イ きっかけ　ウ わけ　エ ようす　（　）

③ 先生《せんせい》に しつもんする。

ア たずねる　イ おしえる　ウ はなす　エ かくす　（　）

④ ふまんそうな かおを する。

ア うたがいを もつ こと。
イ しんじられない こと。
ウ たっぷりな こと。
エ 気に いらない こと。　（　）

⑤ おやに たよってばかり いる。

ア こまらせる こと。
イ たすけて あげる こと。
ウ あてに する こと。
エ しんようする こと。　（　）

⑥ みような 話《はなし》を きいた。

ア ふしぎな こと。
イ おもしろい こと。
ウ つまらない こと。
エ かなしい こと。　（　）

2 つぎの ——線の ことばの いみを あとから えらび、きごうで こたえましょう。

①本番《ほんばん》の まえに どきどきする。（　）

②うきうきしながら はこを あける。（　）

③くじに はずれて がっかりする。（　）

④ぶじに かえって ほっとする。（　）

⑤かみなりが なり びっくりする。（　）

ア 楽《たの》しみだ　イ きんちょうする

ウ おどろく　エ あんしんだ

オ ざんねんだ

3 つぎの □ に あてはまる ことばを、あとから えらび、きごうで こたえましょう。

①車《くるま》が □ 走《はし》る。（　）

②こたえを □ かんがえる。（　）

③はちみつを □ かける。（　）

④やくそくを □ わすれる。（　）

⑤弟《おとうと》が □ あらわれる。（　）

ア たっぷり　イ じっくり

ウ ゆっくり　エ ひょっこり

オ すっかり

ステップ2

べんきょうした日　月　日

じかん	ごうかく	とくてん
25ふん	70てん	てん

シール

1 つぎの　文《ぶん》しょうを　読《よ》んで、あとの　といに　こたえましょう。

「なつを　つかまえて　おいたら　どうですか、ここん。そうしたら、あきも　ふゆも　こないですよ、ここん。」

と、きんがんの　あかぎつねが、すこしえんりょした　こえで　いいました。

「そいつは、すばらしい　かんがえだ。」

三《さん》びきの　やまねこが、こえを　そろえて　いいました。

「なるほど、なるほど。」

と、おおかみが　かんしんしました。


（椎名《しいな》 誠《まこと》「なつのしっぽ」）

(1) ――線《せん》①の　ことばの　いみを　つぎから　えらび、きごうで　こたえましょう。（15点）

ア　いばって　いる
イ　こまって　いる
ウ　ひかえめな
エ　おこって　いる
（　　）

(2) ――線②と　おなじ　いみの　ことばを、つぎから　えらび、きごうで　こたえましょう。（15点）

ア　みごとな
イ　ひどい
ウ　こまった
エ　こわい
（　　）

(3) ――線③の　ことばの　いみを　えらび、こたえましょう。（20点）

ア　よく　にた　こえで
イ　大《おお》きな　こえで
ウ　いっしょに　こえを　出《だ》して
エ　なんども　つづけて
（　　）

2 つぎの　文しょうを　読んで、あとの　といに　こたえましょう。

いちごばたけは　①見《み》わたすかぎり　青々《あおあお》と　した　はを　広《ひろ》げて　いました。

「まあ、たいへん。今《いま》　ごろから　いちごが　こんなに　のびて　いるなんて。これでは　花《はな》が　さくのも　②まぢかだわ！　花が　さきゃ　みが　なるし、みが　なりゃ　あたしは　色《いろ》を　つけなきゃ　ならないわ。赤《あか》い　色が　③たっぷり　いるわ」

おばあさんは、④あわてて　百《ひゃく》だんの　かいだんを　かけおりました。

（わたりむつこ「いちごばたけの　ちいさなおばあさん」）

(1)　――線①の　ことばの　いみを　つぎから　えらび、きごうで　こたえましょう。（15点）

ア　みえない　ところが　ない。
イ　みえる　ところ　すべて。
ウ　みようと　する　こと。
エ　手《て》で　わたす　こと。
（　　）

(2)　――線②と　③の　ことばの　いみを　書《か》きましょう。（20点）

②（　　）
③（　　）

(3)　――線④の　ことばと　おなじ　いみの　ことばを　つぎから　えらび、きごうで　こたえましょう。（15点）

ア　おこって　イ　あせって
ウ　こまって　エ　いのって（　　）

2 ひょうげんを 読《よ》みとる

学習のねらい

文章を書く際には、様々な表現が用いられます。擬声語、擬態語や比喩表現などに注意しながら読み進められるように練習します。

べんきょうした日　　月　　日

ステップ1

1 つぎの □ に あてはまる ことばを、あとから えらび、きごうで こたえましょう。

① 白《しろ》い 雲《くも》が □ うかぶ。

ア ふわふわ　イ きらきら　ウ ふらふら　エ かさかさ　（　　）

② 新《あたら》しい □ の じてんしゃ。

ア しなしな　イ がらがら　ウ ぴかぴか　エ ちかちか　（　　）

③ ひよこが □ と なく。

ア ぴよぴよ　イ しなしな　ウ よれよれ　エ こつこつ　（　　）

2 つぎの ことばが 正《ただ》しく つかわれて いる ものを、あとから えらび、きごうで こたえましょう。

① こそこそ

ア 弟《おとうと》が こそこそ かくれる。
イ ねこを こそこそ 見《み》つける。
ウ 足《あし》が こそこそ いたい。
エ 雨《あめ》が こそこそ ふる。
（　　）

② すらすら

ア 本《ほん》を すらすら 読《よ》む。
イ 山《やま》を すらすら のぼる。
ウ 手《て》を すらすら たたく。
エ 夜《よる》が すらすら 明《あ》ける。
（　　）

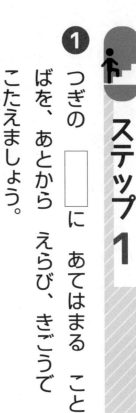

3 つぎの □ に　あてはまる　ことばを、あとから　えらび、きごうで　こたえましょう。

①まるで　□　のように　白い。（　）
②□　みたいに　ふわふわだ。（　）
③□　のように　大《おお》きい。（　）
④まるで　□　のように　赤《あか》い。（　）
⑤ぴかぴかで　まるで　□　だ。（　）

ア　バラ　イ　山《やま》
ウ　かがみ　エ　雪《ゆき》
オ　雲

---

4 つぎの　——線《せん》の　ひょうげんは　どんな　ようすを　あらわして　いるか、あとから　えらび、きごうで　こたえましょう。

①まめつぶのような　大きさ。（　）
ア　丸《まる》い　イ　四角《しかく》い
ウ　小《ち》さい　エ　大きい

②ぞうのような　岩《いわ》（　）
ア　長《なが》い　イ　かたい
ウ　大《おお》きい　エ　小《ち》さい

③魚《さかな》みたいに　およぐ。（　）
ア　上手《じょうず》だ　イ　下手《へた》だ
ウ　黒《くろ》い　エ　おそい

④ほうせきのような　思《おも》い出《で》。（　）
ア　高《たか》い　イ　めずらしい
ウ　大切《たいせつ》だ　エ　少《すく》ない

ステップ2

シール

じかん	ごうかく	とくてん
25ふん	70てん	てん

べんきょうした日　月　日

1 つぎの　文《ぶん》しょうを　読《よ》んで、あとの　といに　こたえましょう。

「あったかい　コートを　くれーっ」

はなみずを　［①］に　こおらせて　いる　ぶたじろうさん。

「これは、これは、おさむそうで」

のろまな　アヒルも、おおあわてで　コートを　だして　きました。

「わたくしどもの　はねが　②たっぷり　はいって　います。これなら、たとえ　こおりの　われめから　ざぶんと　うみへ　おちましても、だいじょうぶです。ぶただんなさま」

あったかい　コートを　きこんだ　ぶたじろうさんは、ゆきみちを　はしりました。

③ぶうぼーん　ぶうぼーん。

ぶうぼーん　ぶうぼーん。

ところが……、いくら　はしっても、みずうみは　みえて　きません。

めじるしの　やまも。

④「おかしいな。もう　五十《ごじゅう》にちめなのに」

ちずに　まちがいが　なければ、おおマスの　すむ　みずうみが　ある　はずです。

くびを　かしげ　かしげ、ぶたじろうさんは　くるまから　おりました。

「めじるしの　やまも　ないんだよなあ」

あるのは　⑤ウサギみたいに　こんもりと　もりあがった　ゆきだまりです。

「まさか、この　ちんこい　ゆきだまりが、やまの　はずは　ないし……」

がっかりした　ぶたじろうさんは、そのばに　［⑥］と　しゃがみこみました。

（内田麟太郎《うちだりんたろう》「ぶたのぶたじろうさんは、みずうみへしゅっぱつしました。」）

(1) ①に　あてはまる　ことばを、きごうで　こたえましょう。(15点)

ア　ぽろりぽろり
イ　かちんかちん
ウ　ころんころん
エ　ゆらりゆらり

（　　）

(2) ――線《せん》②と　おなじ　いみの　ことばを、つぎから　えらび、きごうで　こたえましょう。(15点)

ア　とっぷり　イ　ぽってり
ウ　すっきり　エ　いっぱい

（　　）

(3) ――線③は、何《なん》の　どんな　ようすを　あらわして　いますか。(20点)

（　　）

(4) ――線④の　ことばの　いみを　書《か》きましょう。(20点)

（　　）

(5) ――線⑤は、どんな　ようすを　ひょうげんして　いるか、つぎから　えらび、きごうで　こたえましょう。(15点)

ア　大《おお》きくて　白《しろ》い　ようす。
イ　小《ちい》さくて　かわいい　ようす。
ウ　白くて　小さい　ようす。
エ　黒《くろ》くて　小さい　ようす。

（　　）

(6) ⑥に　あてはまる　ことばを、きごうで　こたえましょう。(15点)

ア　くらくら　イ　わくわく
ウ　へなへな　エ　ぐんぐん

（　　）

ステップ3

1 つぎの 文《ぶん》しょうを 読《よ》んで、あとの といに こたえましょう。

「ひとりが いちばん ①きらくで いい。」

オオカミは いつも そう いって いました。

それは このオオカミが ものすごく ドジで、そのうえ なにより かっこうを きにして いるからです。

だれかと いると、②いつも しっぱいしないように きを つけなければ なりません。

きょうも、ほかの オオカミたちの めを きに しながら かっこうを つけて、おかを のぼって いきました。

ところが……

ツルンと あしを すべらせて しまったのです。

「あれっ、れれれ。」

てあしを ③ させながら、ザザーッと いっきに すべりおちると、いきおい あまって、がけから たにそこに ヒュウ～ン。

「ああ、もう だめだあ。」

ところが うんよく、がけの とちゅうから つきでて いた なにかに ボーン！

そらを とんで いた なにかに ドン！

そして、なにか やわらかい ものの うえに ドスン！ と おちたのです。

「ああ、④みっともない ところを みられてしまった。」

と オオカミが そう おもって、⑤ たちさろうとした その ときです。

「かっこいー!!」

「すげえ～!!」

と つぎつぎに そんな こえが きこえ

シール

じかん 25ふん
ごうかく 70てん
とくてん　てん

べんきょうした日　月　日

てきました。

「え!?」（きむらゆういち「オオカミのおうさま」）

(1) ――線《せん》①は　どんな　ようすを　あらわして　いるか、つぎから　えらび、きごうで　こたえましょう。（15点）

ア　のんびり　できる　ようす。
イ　くろうを　する　ようす。
ウ　こまって　いる　ようす。
エ　ひかえめな　ようす。
（　　）

(2) ――線②と　ありますが　それは　どうしてですか。（　　）に　ことばを　書《か》きましょう。（25点）

この　オオカミは（　　　　）
だし、なにより（　　　　）
を　きにして　いるから。

(3) ③に　あてはまる　ことばを　つぎから　えらび、きごうで　こたえましょう。（20点）

ア　ヒリヒリ　イ　ハラハラ
ウ　ノソノソ　エ　バタバタ
（　　）

(4) ――線④の、ことばの　いみを　書《か》きましょう。（20点）

（　　　　）

(5) ⑤に　あてはまる　ことばを　つぎから　えらび、きごうで　こたえましょう。（20点）

ア　コソコソ　イ　ノシノシ
ウ　ズンズン　エ　ヘラヘラ
（　　）

3 いつ どこで だれが 何《なに》を したか

学習のねらい

物語文では、登場人物や場面を理解することが最も大切です。いつ、どこで、だれが、何をしたのか、確かめながら読み進めます。

べんきょうした日　月　日

ステップ 1

❶ つぎの 文《ぶん》しょうを 読《よ》んで、あとの といに こたえましょう。

「さあて きょうは、うさぎがかりを きめようか。」

二《に》がっきを むかえた つぎの 日《ひ》、あおき先生《せんせい》が、そう いった 時《とき》、ゆうきの むねが、ドキンと 大《おお》きな 音《おと》を たてました。

……ぼく、うさぎがかり、やりたい。

ゆうきは、一《いち》がっきも、そう 思《おも》って いたのですが、とうとう さいごまで、手《て》を あげる ことが できませんでした。

（上條《かみじょう》さなえ「ゆうきだよね パンダうさぎ」）

(1) この お話《はなし》は、何《なに》を きめる ばめんですか。つぎから えらび、きごうで こたえましょう。

ア にっちょく　イ うさぎがかり　ウ クラスいいん　エ そうじがかり

（　　）

(2) この お話は、いつの できごとですか。つぎから えらび、きごうで こたえましょう。

ア なつやすみ　イ 一《いち》がっき　ウ 二《に》がっき　エ 三《さん》がっき

（　　）

(3) ——線《せん》「ぼく」は、だれですか。きごうで こたえましょう。

ア あおき先生　イ うさぎ　ウ ゆうき

（　　）

2 つぎの　文しょうを　読んで、あとの　といに　こたえましょう。

「ホー、ホー、ようこそ。いらっしゃい。」

ふくろうさんの、目《め》が　ぴかり！

りすかちゃんは、どっきんこ。

なにを　かいに　きたんだか、すっかり、さっぱり　大《おお》わすれ。

メモを　ひろげた　その　とたん、

「て、ん、ぐ！」

って。さかさまに　よんじゃった。

「て、ん、ぐ？」

ふくろうさんは、きょうろ　きょろ。

「ホー、ホー、あそこに　ありました。」

かべに　かざった、てんぐの　おめん。

かごに　入《い》れて　くれました。

おうちに　かえった　りすかちゃん。

かごの　なかみを　わたしたら、

「ぐんてが　てんぐに　なっちゃった！」

（北川《きたがわ》チハル「りすかちゃんの　おかいもの」）

---

(1) この　お話は、何《なに》の　場《ば》めんで　すか。つぎから　えらび、きごうで　こたえましょう。
ア りすかちゃんの　かいもの。
イ ふくろうさんの　かいもの。
ウ てんぐの　かいもの。
（　　）

(2) ——線「なにを　かいに…」と　ありますが、りすかちゃんは、ほんとうは　何を　かいに　きたのですか。
（　　）

(3) この　お話で、場めんが　かわったのは　どこからですか。その、はじめの　三字《さんじ》を　書《か》きましょう。
□□□

ステップ2

シール

じかん 25ふん
ごうかく 70てん
とくてん　　てん

べんきょうした日　月　日

1 つぎの　文《ぶん》しょうを　読《よ》んで、あとの　といに　こたえましょう。

きつねの　こは、かたてで　ばけつを　さげると、めを　ぱちぱちさせました。

「うん、とっても　よく　にあう。まるで　きつねくんのみたいだ。」

くまの　こが　うなずいて　いいました。

「ほんと。ずっと　まえから、きつねちゃんのだったみたいね。」

うさぎの　こも　いいました。

「ほんとに　ぼくのだったらねえ。」

きつねの　こは、そう　いうと、ばけつを　しずかに　あしもとに　おきました。

「もし、だれも　とりに　こなくて、ずっと　そこに　おきっぱなしだったら、きつねくんのに　したら。」

くまの　こが　いいました。

①「それが　いいわ。」ずっと　とりに　こないって　ことは、もう　いらないって　ことなんだから。」

うさぎの　こも　いいました。

「［②］って　どれ　くらいかな。」

きつねの　こが　ききました。

「あした、あさって、しあさって。そう、しあさって　ぐらいに　したら？」

うさぎの　こが　いいました。

「しあさってなんて、すぐ　くるよ。ずっとって　いうのは、もっと　さきでなくちゃ。」

くまの　こが　いいました。

「どれくらい　さきに　なるのかな。」

きつねの　こが　ききました。

「きょうが　げつようびだから、つぎの

げつようびに　したら。」
くまの　こが　いいました。
（森山《もりやま》　京《みやこ》「きいろいばけつ」）

(1) この　お話《はなし》は、何《なに》を　して　いる
場《ば》めんですか。つぎから　えらび、
きごうで　こたえましょう。（20点）
ア　ばけつを　かいに　いく　場めん。
イ　みんなで　遠足《えんそく》に　行《い》く　場めん。
ウ　ばけつを　ひろった　場めん。
エ　川《かわ》に　つりに　いく　場めん。
（　　）

(2) ――線《せん》①は、どのような　いけん
に　たいして、「それが　いいわ」
と　言《い》って　いるのですか。（30点）
もし、（　　　　）こないで、

ばけつが　そこに（　　　　）
なら、きつねくんのに　すると
いう　いけん。

(3) ②　に　あてはまる　ことばを
きごうで　こたえましょう。（20点）
ア　ずっと　イ　ばけつ
ウ　いらない　エ　ぼくの
（　　）

(4) この　お話の　中《なか》での　きつね
の　この　気《き》もちを　きごうで
こたえましょう。（30点）
ア　ばけつを　かえして　あげたい。
イ　ばけつを　自分《じぶん》の　ものに
したい。
ウ　新《あたら》しい　ばけつを　かいたい。
エ　ばけつを　見《み》つけたい。
（　　）

4 お話《はなし》の すじを つかむ

学習のねらい
物語文では、場面の変化に注意しながら、どのような出来事が起こり、どのような結末になったのかを読み取ることが大切です。

べんきょうした日　月　日

ステップ1

1 つぎの 文《ぶん》しょうを 読《よ》んで、あとの といに こたえましょう。

　むちゅうに なって じてんしゃを のりまわして いる うちに、デンちゃんは、だれよりも じてんしゃが じょうずに なりました。
　そして、もう、ほいくえんに 行《い》くのを いやがる ことも なくなりました。
「あなたは、まい日《にち》、じてんしゃに のって、よく 体《からだ》と 心《こころ》を きたえました。よって、ここに〈じてんしゃチャンピオン〉の タイトルを おくり、ひょうしょうします。」
と、そつえんしきの 時《とき》には、えんちょう先生《せんせい》から 大《おお》きな しょうじょうを もらいました。
とも子《こ》先生と みんなが、大きな はくしゅを して くれました。
　おとうさんと おかあさんは、ぴかぴかの じてんしゃを プレゼントして くれました。
　デンちゃんは うれしくて たまりません。ほいくえんの うんどうじょうを、何《なん》ども ぐるぐると 回《まわ》りました。
　ところが 花《はな》の木小学校《きしょうがっこう》に 入学《にゅうがく》した とたんに、もう じてんしゃには のれなく なって しまいました。
「こうつうじこに あったら たいへんだから、一年生《いちねんせい》と 二年生《にねんせい》は じてんしゃや ローラースケートに のっては いけません。のってるのを 見《み》つけたら、ちょうれ

いの　時に、だいの　上《うえ》に　立《た》たせますよ。」
と、こうちょう先生に　言《い》われたからです。

（後藤竜二《ごとうりゅうじ》「じてんしゃデンちゃん」）

(1) この　お話《はなし》の　場《ば》めんに　ついて　こたえましょう。

① この　お話を　二《ふた》つの　場めんに　わけると、二つ目《め》の　場めんは　どこから　はじまりますか。四字《よじ》で　書《か》きましょう。

② 一《ひと》つ目《め》の　場めんと、二つ目の　場めんは、どんな　場しょの　ことが　書《か》かれて　いますか。それぞれ　つぎから　えらび、きごうで　こたえましょう。

ア 家《いえ》　**イ** ようちえん
ウ 小学校　**エ** ほいくえん

一つ目（　）二つ目（　）

(2) デンちゃんは　じてんしゃに　のるように　なる　まえは、どのような　子《こ》でしたか。つぎから　えらび、きごうで　こたえましょう。

ア ほいくえんに　いきたくない　子。
イ うんどうが　にがてな　子。
ウ びょうきに　なりやすい　子。
エ いうことを　きかない　子。

（　）

ステップ2

シール

じかん　25ふん　ごうかく　70てん　とくてん　てん

べんきょうした日　月　日

1 つぎの　文《ぶん》しょうを　読《よ》んで、あとの　といに　こたえましょう。

もうすぐ　森《もり》の　おまつりです。広場《ひろば》では　じゅんびが　はじまって　います。

うさぎの　ルーが　言《い》いました。

「ねえ、ぼくたちも　げきを　やらないかい？」

みんなで　する　げきは、①はだかの　王《おう》さまに　きまりました。

「王さまは　やっぱり　クーだよね」

「ええっ、ぼくだって　王さま、やりたいよ」

きつねの　タックが　［②］と　ふくれて　言いました。

「でも　クーのほうが、王さまに　ぴったりだよ」

「そうだよ。王さまは　クーだよ」

とうとう　タックは　王さまの　けらいの　やくに　きまって　しまいました。

さっそく　れんしゅうが　はじまりました。みんなは　はりきって　いますが、タックは　おもしろく　ありません。ぶつぶつ　いじわるばかり　言って　います。

「なんだい、へんな　王さまだな。へたくそで　見て　いられないや」

「タック、いじわる　言うの、やめてよ」

「そうだよ。ちょっと　ひどすぎるよ」

「そんなんじゃ、いっしょに　やりたくなくなるよ」

③「あっ　そう。いいよ、じゃあ　バイバイ」

つよがりを　言って　やめて　きたけれど、本当《ほんとう》は　いっしょに、げきを　やりたかったのです。

（あべはじめ「いじっぱりタックの ほんとう？ ぼくが いちばんなの？」）

(1) この お話《はなし》を、二《ふた》つの 場《ば》めんに わけて、二つ目《め》の 場めんの はじめの 四《よ》字《じ》を 書《か》きましょう。（15点）

(2) ——線《せん》①について こたえましょう。

① 王さまの やくは だれが やる ことに なりましたか。（20点）

（　　　　）

② きつねの タックは 何《なん》の やくを する ことに なりましたか。（20点）

（　　　　）

(3) ② に あてはまる ことばを つぎから えらび、きごうで こたえましょう。（15点）

ア むくむく　イ ぷん　ウ ふっくら　エ どきり

（　　　　）

(4) ——線③の ときの タックの 気《き》もちを つぎから えらび、きごうで こたえましょう。（30点）

ア こんな げき やりたくない。

イ べつの あそびを したい。

ウ いじわるを されて ゆるせない。

エ ほんとうは いっしょに げきを やりたい。

（　　　　）

ステップ3

シール

じかん 25ふん
ごうかく 70てん
とくてん　てん

べんきょうした日　月　日

1 つぎの 文《ぶん》しょうを 読《よ》んで、あとの といに こたえましょう。

ひゅーこせんせいは いつも、

「そんな 弱々《よわよわ》しい 声《こえ》じゃ だめだめ。おばけは もっと こわい 声じゃなくちゃね」

って、いうから おばけの 子《こ》たちは だんだん しんけんな 顔《かお》に なって くるんだ。

「う〜ら〜めえし〜やあ」

「お〜ばあけえ〜だぞ、お、お、お」

すると、本《ほん》の 中《なか》の おばけも だんだん こわい 顔に なって くるから ふしぎ。それを みた おばけの 子たちが、あわてて 小さな 声に なると、

「あらあら、あなたたちは それでも おばけ？」

ひゅーこせんせいは、［①］したように 言《い》うんだ。そして、きまって、

「では、しゅくだい。うちに 帰《かえ》って、ひゃっぺん 読《よ》んで いらっしゃいね」

って、言うんだよ。

おばけの 森《もり》の 帰り道《みち》。

「あーあ、また しゅくだいか」

と、ばけぐーが 言ったら、ばけちょきも ばけぱーも、

「ひゃっぺんも よんだら、ぞぞぞと なっちゃうよ……」

「トイレにも 行《い》けなく なっちゃうよね」

うんうんと うなずいた。


（戸田和代《とだかずよ》「なあーむーうらめしや」）

(1) この お話《はなし》に 出《で》て くる 人《ひと》の

名《な》まえを　四《よっ》つ　書《か》きましょう。（20点）

（　　）（　　）

（　　）（　　）

(2)　この　お話の　場《ば》めんに　ついて　こたえましょう。

①　この　お話を　二《ふた》つの　場めんに　わけると、二つ目《め》の　場めんは　どこから　はじまりますか。四字《よじ》で　書きましょう。（20点）

②　一つ目の　場めんと、二つ目の　場めんは、どんな　場しょの　ことが　書かれて　いますか。（20点）

一つ目（　　）

二つ目（　　）

(3)　①　に　あてはまる　ことばを　えらび、こたえましょう。（20点）

ア　うきうき　イ　がっかり

ウ　どっきり　エ　びっくり（　　）

(4)　――線の　おもしろい　ところを　こたえましょう。（20点）

ア　おばけの　子が　おばけを　こわがる　ところ。

イ　おばけが　たくさん　出《で》る　ところ。

ウ　おばけが　ことばを　話す　ところ。

エ　おばけの　子が、先生《せんせい》に　しかられる　ところ。（　　）

5 わだいを 読《よ》みとる

学習のねらい

説明文では、説明の中心となる話題を読み取ることが大切です。何について書かれている文章か、しっかり整理してから問題に取り組みます。

べんきょうした日　月　日

ステップ1

1 つぎの 文《ぶん》しょうを 読《よ》んで、あとの といに こたえましょう。

わたしたちが ふだん つかって いる 紙《かみ》の もとは、森《もり》の 木《き》です。木から 作った ＊紙パルプを ざいりょうに、色々《いろいろ》な しゅるいの 紙を 作《つく》りだします。

ですから、紙を たくさん つかえば つかうほど、その 分《ぶん》 森の 木を きらなければ なりません。これでは、森は はだかに なって しまいます。そこで、森の 木を まもる ために、一《いち》ど つかった 紙を、もう 一ど きれいに して つかいなおそう、と 考《かんが》えて 作られた 紙が、さいせいしです。

（久道健三《ひさみちけんぞう》「かがくなぜどうして 一年生《いちねんせい》」）

＊紙パルプ＝木などを ほぐした もの。紙の もとに なる。

(1) この 文《ぶん》しょうの、わだいを、つぎから えらび、こたえましょう。

ア 森　イ かみパルプ　ウ 木　エ さいせいし　（　　）

(2) つぎの ものが できる じゅんばんに ならべましょう。

ア かみ　イ さいせいし　ウ 木　エ かみパルプ

（　　）→（　　）→（　　）→（　　）

(3) ——線《せん》「さいせいし」を つくるのは なぜですか。

（　　）を まもるため。

❷ つぎの　文しょうを　読んで、あとの　といに　こたえましょう。

目《め》の　ふじゆうな　人《ひと》の　目《め》の　かわりに　なって、みちあんないを　して　いる　犬《いぬ》に　出《で》あった　ことは　ありませんか。

そうです。①もうどう犬《けん》です。

ながのけん　すわしの　たかしま小《しょう》学校《がっこう》では、もうどう犬の　赤《あか》ちゃんを　そだてて　います。

もうどう犬に　なる　ためには、早《はや》くから　お母《かあ》さん犬や　きょうだい犬と　わかれさせなくては　なりません。

その　かわり、なるべく　子《こ》どもの　いる　うちで、②にんげんの　子どもと　同《おな》じように　たっぷり　かわいがられて　くらすと、人間《にんげん》に　したしみを　もち、人間を　しんらいする　犬に　なります。

（いわさききょうこ「もうどう犬《けん》の　赤《あか》ちゃんを　そだてる」）

(1) この　文しょうの、わだいは　何《なん》ですか。

（　　　　　　　　）

(2) ――線①の　犬は　どのような　はたらきを　しますか。

（　　　　　　）人の　（　　　　　　）の　かわりに　みちあんないを　する　犬。

(3) ――線②のように　そだてると、どんな　犬に　なりますか。

人間に（　　　　　　）ち　人間を（　　　　　　）を　もする　犬。

ステップ 2

シール

じかん	ごうかく	とくてん
25ふん	70てん	てん

べんきょうした日 月 日

1 つぎの 文《ぶん》しょうを 読《よ》んで、あとの といに こたえましょう。

春《はる》の 道《みち》ばたに 色《いろ》んな 花《はな》が さいて いる。むらさき色の はなは すみれだよ。

少《すこ》し 歩《ある》いて 行《い》くと……あれっ、コンクリートの われめに さいて いる すみれを 見《み》つけたよ。どうして こんな ところに さくのかな。

石《いし》がきの すきまに さいて いる すみれを 見つけたよ。どうして こんな 高《たか》い ところにも さくのかな。

いくにちか すぎると 道ばたの すみれに ①たくさんの 花が さいた。虫《むし》たちが 花を 見つけて とんで きた。

②はちが すみれの 花に とまったよ。頭《あたま》を 花の 中《なか》に つっこんで、長《なが》い 口《くち》を 花の おくに のばして いる。

花を よこから 見て ごらん。花の 中後《うし》ろに ふくろが あるよ。ふくろの 中に みつが あるんだ。はちは 長い 口で この みつを すって いたんだ。すみれと はちは なかよしなんだね。

花が おわって すみれは みを つけた。したを むいて いた みは よこむきに なり つぎに 上《うえ》を むく。みは ③あかるい 方《ほう》に むいて みっつに さけて ひらいたよ。みの なかに 3れつに ならんだ たねが ある。

さわやかに 晴《は》れた 日《ひ》…… ピチッ ピチッ ピチッと 音《おと》が して たねが とぶ。日当《ひあ》たりの よい ところに とばそうと むきを かえて いたんだね。

（矢間芳子《やざまよしこ》「すみれとあり」〈福音館書店刊〉）

(1) この 文しょうの、わだいは 何《なん》ですか。三字《さんじ》で 書《か》きましょう。(20点)

□□□

(2) ――線《せん》①は、どんな 色の 花ですか。(20点)

（　　　　）

(3) ――線②は、何《なに》を するために 花に とまったのですか。

□□に ことばを 書きましょう。(20点)

すみれの □□ を □□ ため。

(4) ――線③は、なぜ あかるい 方に むいたのですか。

□□に ことばを 書きましょう。(20点)

□□□□ の よい ところに □□ を とばすため。

(5) すみれの ようすを あらわした つぎの 文を じゅんばんに ならべましょう。(20点)

ア むしたちが すみれに とんで くる。

イ すみれが たねを とばす。

ウ すみれが 花を さかせる。

エ すみれが みを つける。

（　）→（　）→（　）→（　）

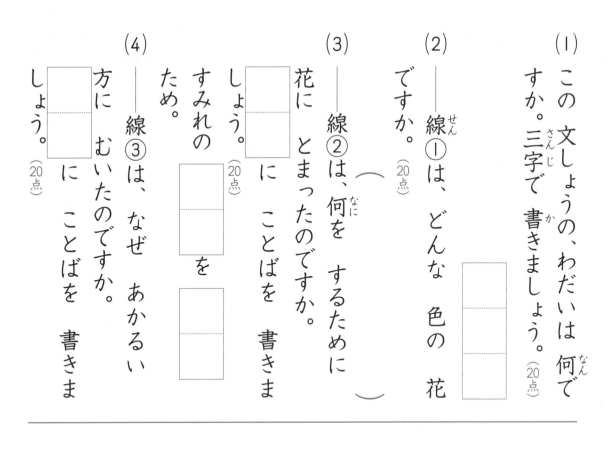

6 せつめいの じゅんじょを 考《かんが》える

学習のねらい
説明文では、中心となる話題について、どのような順序で説明されているか、段落ごとに内容を整理して読み取ることが大切です。

べんきょうした日　月　日

ステップ1

1 つぎの 文《ぶん》しょうを 読《よ》んで、あとの といに こたえましょう。

　2わの ツバメが、でんせんに とまって いる。さえずって いるのは、しっぽの 長《なが》い オスの ツバメ。となりに いるのは メスの ツバメ。2わは、ツバメの お父《とう》さんと お母《かあ》さん。赤《あか》ちゃんを そだてる ために、ぼくの 町《まち》に やって きたんだ。

　2わの ツバメは、ぼくの 家《いえ》に やって きて、やねの 下《した》の かべに、どろや かれた 草《くさ》の くきを くっつけはじめた。

ぼくの お母さんは、
「ツバメは 毎年《まいとし》 うちに くるのよ」
という。ツバメは、いったい 何《なに》を 作《つく》って いるんだろう？

　できあがったのは、ツバメのす。ここで たまごを うんで、赤ちゃんツバメを そだてるんだって。

　すの 中《なか》に たまごが 5つ うまれて いたよ。たまごを 7つ うむ ことも あるんだって。

　たまごを あたためるのは、おもに お母さんの やくめ。お父さんは 近《ちか》くの でんせんなどに とまって みはりを して いるよ。

　そして、15日《にち》ご、あたためられた たまごから 赤ちゃんが うまれた！

　たまごから かえって 11日目《め》、ヒナたちが すの 中から かおを 出《だ》した。口《くち》

を　大《おお》きく　あけて、ピイピイ　ピイピイ　げんき　いっぱい　鳴《な》いて　いる。

ヒナたちは　おなかが　ぺこぺこ。お父さん、お母さんは、こうたいで　ヒナたちの　ために　えさを　はこんで　くるよ。

（孝森《こうもり》まさひで「はばたけ！ツバメ」）

(1)　この　文しょうで、せつめいされて　いる　じゅんばんに　ならべましょう。

ア　うまれた　赤ちゃんの　ようす。

イ　ツバメが　すを　作る　りゆうと、作りかた。

ウ　たまごが　うまれた　ときの　おやどりの　やくめ。

エ　ツバメが　やって　くる　りゆう。

（　）→（　）→（　）→（　）

---

(2)　――線《せん》の　ざいりょうを、あとから　二つ　えらび、きごうで　こたえましょう。

ア　くさの　くき　　**イ**　こいし

ウ　木《き》の　えだ　　**エ**　どろ

（　）（　）

(3)　たまごが　うまれた　あとの、お父さんと　お母さんの　やくめを　それぞれ　つぎから　えらび、きごうで　こたえましょう。

ア　たまごを　あたためる。

イ　みはりを　する。

ウ　えさを　はこんで　くる。

エ　すを　そうじする。

お父さん（　）

お母さん（　）

ステップ２

シール

べんきょうした日　月　日

じかん 25ふん　ごうかく 70てん　とくてん　てん

1 つぎの　文《ぶん》しょうを　読《よ》んで、あとの　といに　こたえましょう。

*[1]古《ふる》い　池《いけ》の　中《なか》には　色々《いろいろ》な　生《い》きものが　すんで　います。

フナ、ドジョウ、ゲンゴロウ。よく　見《み》ると、そこの　方《ほう》には　ヤゴが　ひっそりと　くらして　います。

トンボの　子《こ》どもです。きょねんの　秋《あき》に　うまれて、もう　ずいぶん　大きく　なって　います。

そろそろ　トンボに　なる　ために　水《みず》から　出《で》て　いかなくては　なりません。

[2]夜《よる》に　なりました。まっくらな　中を　ヘイケボタルが　ぴかーり、ぴかーりと　光《ひか》りながら　とびまわって　います。

ヤゴは　水草《みずくさ》の　くきを　しずかに　のぼって、水の　外《そと》へ　出ました。

くきの　とちゅうに　しっかり　つかまって、じっと　して　いると、おやおや、せなかが　われて、中から　きれいな　トンボが　出て　きました。トンボの　名《な》まえは　アキアカネです。

[3]朝《あさ》に　なりました。

アキアカネは　まだ　とぶ　ことが　できません。

体《からだ》が　じゅうぶん　かたまって　いないのです。

（小林清《こばやしせい》之介《のすけ》「あかとんぼのたび」）

*[1]から　[3]の　数字《すうじ》は、文しょうの　まとまりを　しめしています。

(1)　[1]の　まとまりでは、何《なに》の　どの　ような　ようすを　せつめいして　いますか。（20点）

(2) （　　）の　中で　くらす
（　　）の　ようす。
2 の　まとまりでは、何の　どのような　ようすを　せつめいして　いますか。(20点)
（　　）が
（　　）の　くきに　つかまって
（　　）に　なる　ようす。

(3) 3 の　まとまりの　ないようを、つぎに　あてはまるように　みじかく　せつめいしましょう。(20点)
（ヤゴから　出て　きたばかりのアキアカネは、　　　　　　　）

(4) ――線《せん》に　ついて、こたえましょう。
① ヤゴは、どのような　生きものですか。(10点)
トンボの（　　　　　　）
② ヤゴは　いつ　うまれましたか。(10点)
（　　　　　　）

(5) この　文しょうの　ないようと　あわない　ものを　つぎから　ひとつ　えらび、きごうで　こたえましょう。(20点)
ア ヤゴは　水の　中で　くらし、水の　外で　トンボに　なる。
イ ヤゴの　せなかが　われて、そこから　トンボが　出て　くる。
ウ 出てきた　ばかりの　トンボの　体は　やわらかい。
エ ヤゴは、フナや　ドジョウを　たべて　せいちょうする。
（　　）

ステップ３

じかん	ごうかく	とくてん
25ふん	70てん	てん

べんきょうした日　月　日

1 つぎの 文《ぶん》しょうを 読《よ》んで、あとの といに こたえましょう。

うんどう場《じょう》や ちゅうしゃ場にも おおばこが 生《は》えて います。日本《にほん》アルプスのような 高《たか》い 山《やま》の 山《やま》小《ご》やの まわりにも、おおばこが 見《み》られます。

それでは、おおばこは、人《ひと》や 車《くるま》に ふみつけられた かたい 地《じ》めんの ところが すきで、やわらかい 土《つち》は きらいなのでしょうか。ほかの 草《くさ》が 生えて いない、やわらかい 土の ところでは、おおばこも 大《おお》きく そだちます。

［①］、こう いう ところには、せの 高く なる 草も 生えて くるので、せの ひくい おおばこには、太《たい》ようの 光《ひかり》が あたらなく なり、かれて しまうのです。②おおばこは、せの 高く なる 草が そだたない ところにしか 見られないのです。

人が 行く ところには、どこにでも おおばこが 見られるのは なぜでしょう。草や 木《き》は、たねで ふえ、色々《いろいろ》な ところに 広《ひろ》がって 行きます。おおばこの たねには、何《なに》か ③ひみつが あるのでしょうか。

おおばこは、4月《がつ》から 9月ごろまで 花《はな》を さかせ、1本《ぽん》に 2000こもの たねを 作《つく》ります。たねは、水《みず》で しめると ねばって、人や 車《くるま》の タイヤなどに くっついて はこばれます。かわくと ねばりは なくなり、あちこちに おちる

と　いうわけです。

（真船和夫《まふねかずお》「おおばことなかよし」）

(1) この　文しょうの、わだいは　何《なん》ですか。（20点）

（　　　　）

(2) つぎの　ないようを、文しょうで　せつめいされて　いる　じゅんばんに　ならべましょう。（20点）

ア　おおばこが　どこにでも　見られる　りゆう。

イ　おおばこが　生えて　いる　場しょ。

ウ　おおばこが　かたい　地めんに　生えて　いる　りゆう。

（　）→（　）→（　）

(3) ①に　あてはまる　ものを　つぎから　えらび、きごうで　こたえましょう。（20点）

ア　ところが　イ　さて

ウ　やっぱり　エ　すると（　）

(4) ——線②は　なぜですか。（20点）

せの　高い　草が　あると、おおばこに（　　　）が　あたらず、（　　　）しまうから。

(5) ——線③は、どんな　ひみつですか。（20点）

おおばこの　たねは　水で　しめると（　　　）、人や　車の　タイヤに　くっついて　はこばれ、かわくと（　　　）は　なくなり、おちる。

7 気《き》もちを 考《かん》える

学習のねらい
物語の読み取りの中心は、登場人物の心情です。心情を読み取る手がかりとなる表現を細かく確かめて、考えます。

べんきょうした日　月　日

ステップ1

1 つぎの 文《ぶん》しょうを 読《よ》んで、あとの といに こたえましょう。

カニが ニジを ながめて、手を 上げて いるので、ぼくは わけを たずねました。

「①かにさん、なぜ そんなに 手を 高《たか》く 上げて いるの。」

カニは 言《い》いました。

「それでは、ぼく 手を 下《さ》げて みようか。」

「うん 下げて ごらん。」

「下げると、ニジが きえて いくよ。」

そう いって、カニは つめを そろそろ 下《した》に 下げました。すると、ふしぎなことに、ニジが すーと きえて いきました。

「②あああ。」

ぼくは ふしぎな 気《き》が して、そう 言いました。


（坪田《つぼた》譲治《じょうじ》「ニジと カニ」）

(1) ――線《せん》①の ときの 気《き》もちを、つぎから えらび、きごうで こたえましょう。

ア ふしぎだ　イ はらが たつ
ウ おもしろい　エ 楽《たの》しい　（　　）

(2) ――線②の ときの 気もちを、つぎから えらび、きごうで こたえましょう。

ア びっくりして いる。
イ がっかりして いる。
ウ おこって いる。
エ しんぱいして いる。　（　　）

2 つぎの 文しょうを 読んで、あとの といに こたえましょう。

「①な、なんだって……!?」

おとうふやさんは、いきなり パンチを くらったみたいに、目《め》を [②] させました。

いまから、あしたの あさまでに、おとうふ 百《ひゃく》ちょう、あぶらげ 百まいを 作《つく》るなんて、とても むりな 話《はなし》です。

「おねがい。あしたの 朝《あさ》、おきゃくさんが 来《く》るんで、どうしても、ひつようなんだ。」

「③うーん。」

おとうふやさんは、うでを 組《く》んで、考《かんが》えこんで しまいました。

（三田村信行《みたむらのぶゆき》「おとうふ百《ひゃく》ちょう あぶらげ百まい」）

(1) ――線①の ときの 気もちを、つぎから えらび、きごうで こたえましょう。

ア びっくり　イ がっかり

ウ しょんぼり　エ しんぱい

（　　）

(2) [②] に あてはまる ことばを、つぎから えらび、きごうで こたえましょう。

ア ぎらぎら　イ ごしごし

ウ ぱちくり　エ ふわふわ

（　　）

(3) ――線③の ときの 気もちを、つぎから えらび、きごうで こたえましょう。

ア なんとか して ことわりたい。

イ うまく だまして やりたい。

ウ むりだと わかって ほしい。

エ なんとか ねがいを かなえて やりたい。

（　　）

ステップ2

1 つぎの　文《ぶん》しょうを　読《よ》んで、あとの　といに　こたえましょう。

そのとき、マミちゃんが、［①］ぴょんぴょん　はねながら、後《うし》ろで　言《い》いました。

「ママ、ママね。マミちゃんも　でるよう。」

わたしは、ツーツー　なって　いる　じゅわきを、妹《いもうと》の　耳《みみ》に　おしあててから　言いました。

「ママはね、きゅうな　ご用《よう》が　できたので、いそいでたよ。たんじょう会《かい》は、あしたに　のばしましょうって。」

②マミちゃんの　口《くち》が、きゅんと　への字《じ》に　なりました。目《め》が　大《おお》きく、顔《かお》が　赤《あか》く　なりました。

「うおーん。」

いつもの　③サイレンなきです。

なんて　大きな　声《こえ》。

「うおーん。うおーん。」

――わたしも、なきたいよ。とうさんが　いないから、かあさん、たいへんなのは　わかってるけど、こんな　時《とき》は　自分《じぶん》で　マミちゃんに　せつめいして　ほしい。

「うおーん。うおーん。」

「たんじょう会が、なくなったんじゃないの。一日《いちにち》だけ、のびたのよ。」

「うおーん。うおーん。」

「あしたの　ケーキは　どんなのかな。ね、④きょうの　ケーキより　大きい　はずよ。いいなあ。」

「うおーん。うおーん。」

いくら　せつめいしても　だめ。なきやみません。

（あまんきみこ「おまけのじかん」）

シール

じかん 25ふん
ごうかく 70てん
とくてん　てん

べんきょうした日　月　日

(1)　［①］に　あてはまる　ことばを、つぎから　えらび、きごうで　こたえましょう。（20点）

ア　うれしそうに　イ　かなしそうに

ウ　ふあんそうに　エ　いやそうに

（　　）

(2)　――線《せん》②について、こたえましょう。

①　この　ときの　気《き》もちを、つぎから　えらび、きごうで　こたえましょう。（20点）

ア　うれしい　イ　あきれて　いる

ウ　しんぱいだ　エ　かなしい

（　　）

②　①のような　気もちに　なった　わけを　こたえましょう。（20点）

たのしみだった（　　　　）が　あしたに　なったから。

(3)　――線③を　きいた　ときの、「わたし」の　気もちが　わかる　文を　書きぬきましょう。（20点）

（　　　　）

(4)　――線④の　ときの　「わたし」の　気もちを、つぎから　えらび、きごうで　こたえましょう。（20点）

ア　おおきい　ケーキが　たのしみだ。

イ　早《はや》く　たんじょうかいを　したい。

ウ　マミちゃんを　元気《げんき》づけたい。

エ　ここから　すぐに　にげだしたい。

（　　）

8 せいかくを とらえる

学習のねらい
物語文では、登場人物の行動や心情などから、その人物の性格を正しく読み取るため、細かい手がかりを見落とさないよう、注意します。

べんきょうした日　月　日

ステップ1

1 つぎの 文《ぶん》しょうを 読《よ》んで、あとの といに こたえましょう。

ぞうの テンボを 知《し》らない ものは ありません。うそつきで いたずらが 大《だい》すきなのです。

しまうまの しっぽを 木《き》に むすびつけて、

「あ、ライオンが 来《き》た！」と、おどしたり するのです。しまうまが びっくりして、にげようと もがくと、

「いまのは うそ。」

テンボは ぐふぐふ わらいます。

わにに、

「おいしい もの あげるから 口《くち》を あけて。」と 言《い》って、木の えだを ほうりこみました。わには、口が しまらずに くるしそうです。

「いまのは うそ。」

テンボは ぐふぐふ わらいます。

ひょうが ねている 木の 下《した》に おとしあなを ほって、

「子《こ》どもが ハイエナに 食《く》われる。」

ひょうは 目《め》を さまして、木から おりると、あなに どしん！

「今《いま》のは うそ。」

テンボは ぐふぐふ わらいます。

どうぶつたちは おこりました。が、テンボの するどい きばで つきさされては かないません。力《ちから》の 強《つよ》い はなで たたかれたら ふっとんで しまいます。

あの　太《ふと》い　足《あし》で　ふまれたら、だれだって　つぶされて　しまいます。
だから　ぞうの　テンボが　来ると、みんな　かくれて　しまうのです。
そんな　わけで、テンボには　友《とも》だちが　ありません。
テンボは　とても　さみしいのです。

（寺村輝夫《てらむらてるお》「うそつきテンボ」）

(1) ゾウの　テンボに　ついて、こたえましょう。

① テンボは　どのような　せいかくの　ゾウですか。つぎから　二つ　えらび、それぞれ　きごうで　こたえましょう。

ア 友《とも》だち思《おも》いの　ゾウ。
イ うそつきの　ゾウ。
ウ あまえんぼうの　ゾウ。
エ いたずらずきの　ゾウ。
オ せきにんかんの　つよい　ゾウ。　（　　）（　　）

② ①の　せいかくは、どのような　こうどうから　わかりますか。つぎから　えらび、きごうで　こたえましょう。

ア みんなに　うそを　ついて、こまらせて　いる　ところ。
イ こまって　いる　友だちを　たすけて　いる　ところ。
ウ すぐに　ほかの　どうぶつに　たすけを　もとめる　ところ。
エ 森《もり》の　ルールを　きちんと　まもって　いる　ところ。　（　　）

ステップ 2

じかん 25ふん　ごうかく 70てん　とくてん てん

べんきょうした日　月　日

1 つぎの　文《ぶん》しょうを　読《よ》んで、あとの　といに　こたえましょう。

「ぼくって、［①］だよね。」

たくまくんは、しょんぼりしました。

みさきちゃんの　心《しん》ぞうと、とりかえたい　くらいです。

「みさきちゃんなんか、おばけだって、ぜんぜん　こわがらないし……。それに、それに……。はいしゃで　ないたりなんかしないもんね。」

あとの　ほうは、きえそうに　小《ちい》さい声《こえ》で、たくまくんは　言《い》いました。すると、みさきちゃんは、きゅうに、わらうのをやめて、まじめな　顔《かお》に　なりました。

「わたしさあ、おばけは、ぜんぜん　こわくないけど、はいしゃさんで、ないちゃった。」

と　言いました。

「えっ！」

たくまくんは、びっくりして、あなのあくほど　じいっと、みさきちゃんを　見《み》つめました。

「だって、たくまくんの　せいよ。わたし、はいしゃさん、はじめてだったんだもん。たくまくんが、ものすごい　声で　ないたじゃない。……それで、わたしも　なきちゃった。でも　ほんとは、そんなに　いたく　なかった。見て、わたしの　は。」

みさきちゃんは、大《おお》きく　口《くち》を　あけました。

下《した》の　おくばに、白《しろ》い　セメントが　つめて　あります。

（そうかあ……。みさきちゃんも、ないちゃったのかあ……。）②

（山末《やますえ》やすえ「おばけの森《もり》ハイキング」）

(1)　①　に　あてはまる　たくまくんの　せいかくを　あらわす　ことばを、つぎから　えらび、きごうで　こたえましょう。（20点）

ア　よわむし　イ　まじめ

ウ　いじわる　エ　ゆうかん（　　）

(2)　たくまくんが、自分《じぶん》の　せいかくを　(1)のように　考《かんが》えたのは　なぜですか。二《ふた》つ　こたえましょう。（40点）

（　　　　）

（　　　　）

(3)　——線《せん》②の　ときの、たくまくんの　気《き》もちを　つぎから　えらび、きごうで　こたえましょう。（20点）

ア　にくらしく　おもって　いる。

イ　とくいに　なって　いる。

ウ　したしみを　かんじて　いる。

エ　くやしく　おもって　いる。

（　　）

(4)　たくまくんは、みさきちゃんを　どのような　せいかくの　子《こ》だと　おもって　いましたか。つぎから　えらび、きごうで　こたえましょう。（20点）

ア　なきむしの　子。

イ　ゆうきの　ある　子。

ウ　じぶんかってな　子。

エ　いじわるな　子。

（　　）

ステップ３

1 つぎの 文《ぶん》しょうを 読《よ》んで、あとの といに こたえましょう。

「わかったってば。」

ゆいが、おこったみたいに 言《い》うと、まきのくんの ①口《くち》が、への字《じ》に なった。まきのくん、なきそう。

「すぐ いくから だいじょうぶだよ。」

ゆいは、あわてて 言った。

まきのくんは、すぐ なくんだ。おにごっこの おにに なったって、ないちゃう。しかも すごく 大《おお》ごえ。先生《せんせい》や ママに 聞《き》こえるように、わざと 大ごえで なくんだって、みんな 言ってる。

「かんじドリル、わすれないで もって きてね。」

まきのくんは、②な 顔《かお》の まま、そう 言って 帰《かえ》って いった。

ゆいは、なんだか まきのくんの うちに 行《い》くのが、いやに なった。だけど、もう やくそくして しまった。それに、このあいだ、まきのくんの ママにだって おねがいされたんだ。
③まきのくんの ママは、とっても びじん。今《いま》までに 三《さん》かい あそびに いったけど、いっつも にこにこして いて、やさしい。
「女《おんな》の子《こ》は 楽《たの》しいわね。」
って いって、ゆいの かみを、みつあみに して くれたり する。
「うちの ヒロくん、ちょっと 気《き》が 弱《よわ》いでしょう。ゆいちゃんが ついてて くれれば、とっても あんしん。」
まきのくんの ママは、ゆいの 手を

シール

べんきょうした日 月 日

じかん 25ふん
ごうかく 70てん
とくてん てん

にぎって　言った。

「ヒロくんは、外《そと》で　あそぶの　にがてだから、お友《とも》だちが　少《すく》ないの。ゆいちゃん、なかよくして　あげてね。」

ゆいは、まかせてって　こたえた。

（長崎夏海《ながさきなつみ》「バナナパイ、すき？」）

(1) ——線《せん》①の　時《とき》の　まきのくんの　気《き》もちを　つぎから　えらび、きごうで　こたえましょう。（20点）
ア　うれしい　イ　かなしい
ウ　おかしい　エ　ふしぎだ
（　　）

(2) ② に　あてはまる　ことばを　四字《よじ》で　こたえましょう。（20点）
□□□□

(3) ——線③について、こたえましょう。
① まきのくんの　ママは、まきのくんを　どんな　せいかくの　子《こ》だと　思《おも》って　いますか。（20点）
（　　）
② ゆいは、まきのくんの　ママを　どんな　せいかくの　人《ひと》だと　思《おも》って　いますか。（20点）
（　　）

(4) ゆいは、どんな　せいかくの　女の子ですか。（20点）
まえに　まきのくんの　ママと　した（　　）を　きちんと　まもる
（　　）
せいかくの　女の子。

9 りゆうを 考《かんが》える

学習のねらい
物語文でも説明文でも、理由を問う問題が多く出題されます。理由を表す表現に注意しながら、ていねいに読めるようにします。

べんきょうした日　月　日

ステップ 1

1 つぎの 文《ぶん》しょうを 読《よ》んで、あとの といに こたえましょう。

①「あっちに 何《なに》か あるのかな？ 行《い》って みようよ、おとうさん。」
「うん。行こう。」

小鳥《ことり》が とんで いく 方《ほう》へ、わたしたちは、はや足《あし》で 歩《ある》いたの。

そしたらね、小《ちい》さな 森《もり》に かこまれた 公園《こうえん》を 見《み》つけたよ。みどりの 大《おお》きな 木《き》の 下《した》に、白《しろ》い ベンチが ありました。

近《ちか》くへ よると、②へぇ ふしぎ。かさに おちる 雨《あめ》の 音《おと》が きえました。

（北川《きたがわ》チハル「わたしのすきなおとうさん」）

(1) ――線《せん》①と 考《かんが》えたのは なぜですか。つぎから えらび、きごうで こたえましょう。
ア 青空《あおぞら》が 見えたから。
イ 小鳥が とんで いったから。
ウ 雨の 音が きこえたから。
エ 公園を 見つけたから。
（　　）

(2) ――線②のように かんじたのは、なぜですか。
（　　　　）の 近くに よると、（　　　　）が きえたから。

2 つぎの　文しょうを　読んで、あとの　といに　こたえましょう。

だれでも　ころんで　すりきずを　作《つく》ったり、うっかり　切《き》りきずを　作ったりする　ことが　あります。そんな　時《とき》は、ひふから　①ちが　出《で》て　きますね。

わたしたちの　ひふの　下《した》には、こまかい　けっかんが　たくさん　走《はし》って　いて、けがを　すると、この　けっかんが　やぶけて、ちが　外《そと》に　出《で》るのです。やがて　②ちは　かたまって、黒《くろ》っぽい　かさぶたに　なります。ちは　空気《くうき》に　ふれると、かたまる　せいしつを　もって　いるからです。

この　かさぶたは、中《なか》から　出て　くる　ちを　止《と》め、外から　ばいきんが　入《はい》らないように　する、③大切《たいせつ》な　はたらきを　して　います。まるで　しぜんに　できた　ばんそうこうのようですね。

（久道健三《ひさみちけんぞう》「かがくなぜどうして　一年生《いちねんせい》」）

(1) ——線①のように　ちが　出るのは　なぜですか。

けがを　すると、ひふの　下の（　　　　）が　やぶれるから。

(2) ——線②の　りゆうを　こたえましょう。

ちは（　　　　）に　ふれると（　　　　）せいしつを　もって　いるから。

(3) ——線③のように　言《い》える　りゆうを　二《ふた》つ　こたえましょう。

・中《なか》から　でて　くる（　　　　）を　とめて　くれるから。

・そとから（　　　　）が　入らないように　して　くれるから。

ステップ2

シール

じかん	ごうかく	とくてん
25ふん	70てん	てん

べんきょうした日　月　日

1 つぎの 文《ぶん》しょうを 読《よ》んで、あとの といに こたえましょう。

—こぞう、①前《まえ》を 見《み》て 歩《ある》け。

かっちゃんは、まけずに 言《い》いかえして やりました。

—だって、いろはにほへとを おぼえた とこなんだよう。いっしょうけんめい、おぼえながら 歩いて いたんだい。

　さむらいは、ひょうしぬけしたみたいに、②はっはっは、と わらって いって しまいました。

（ふん、いろはにほへと、とな。かわいい もんだ。いろはにほへと、とな……。）

　さむらいは、思《おも》わず そう くりかえしながら 歩いて いると、まがりかどで、でんと、何《なに》かに ぶつかりました。


—③こ、これは しつれい……。

　あわてて おじぎを しましたが、あいては 何も 言いません。

　そっと 顔《かお》を あげると——目《め》の 前《まえ》に、長《なが》い 馬《うま》の 顔が ありました。

（わしと した ことが、あわてて しもうて……。）

　さむらいは、あわてて 馬に おじぎを して しまった ことが ④くやしくて、したうちを しました。

　すると、馬の 上《うえ》の 方《ほう》から 声《こえ》が しました。

—これは これは、八木五平《やぎごへい》どの。いかが いたされたな。

　みあげると、ごかろうが、馬の 上で わらって いました。


（今江祥智《いまえよしとも》「いろはにほへと」）

(1) ——線《せん》①で　かっちゃんは　なぜ　まえを　見て　歩かなかったのですか。（20点）

いっしょうけんめい（　　　　）を　おぼえながら　歩いて　いたから。

(2) ——線②で　わらった　わけを　つぎから　えらび、きごうで　こたえましょう。（20点）

ア　こどもが　すぐに　わかるような　うそを　ついたから。

イ　こどもが　いった　りゆうが　かわいかったから。

ウ　いろはにほへとと　いう　ことばが　おもしろいから。

エ　こどもが　いろはにほへとを　おぼえているはずが（　　）ないから。

(3) ——線③に　ついて、こたえましょう。

①　なぜ、おじぎを　したのですか。（20点）

（　　　　　　　　）

②　あいては　なぜ　何も　言わなかったのですか。（20点）

（　　　　　　　　）

(4) ——線④で　さむらいが　したうちを　したのは　なぜですか。（20点）

（　　　　　　　　）

10 作《さく》しゃの 考《かんが》えを 読《よ》みとる

学習のねらい

説明文では、作者が何を伝えたいのか読み取ることが大切です。はじめと終わりの部分に書かれている場合が多いので、注意します。

べんきょうした日　月　日

ステップ1

1 つぎの 文《ぶん》しょうを 読《よ》んで、あとの といに こたえましょう。

ひろった トチのみには、虫《むし》が くって いるのも まじって います。

それで、水《みず》の 入《はい》った 大《おお》きい たるに みを 入《い》れて、虫を ころします。

そして、ザルや ムシロなどに 広《ひろ》げて ほし、やねうらの 下《した》に いれて おいて ほぞんするのです。

そして、お正月《しょうがつ》や おぼんに なると、トチもちを つきます。

おいしい トチもちを 作《つく》るためには、トチのみの にがみを とる、アクぬきを しなければ なりません。

まず かわを むき、ながれ水に、トチのみを さらします。

それから、ぬるまゆで ゆでながら、*木《き》ばいを いれて かきまぜ、木ばいの なかに みを 二《に》、三日《さんにち》 入れたまま ねかせます。

つぎに、木ばいの ついた トチのみを 水あらいして、もち米《ごめ》と いっしょにむします。

あたたかい トチのみと もち米を うすに いれて、きねで トチもちを つきます。

ペッタン、ペッタンと、きねで よく つきあげて、まるめると、茶色《ちゃいろ》に かがやく トチもちの できあがりです。

ほろにがさが、やがて あまみに かわ

る、とても　おいしい　もちです。

トチもちは、三《さん》、四日《よっか》は　かたくならず、カビも　生《は》えにくくて、長《なが》もちします。

それで、山里《やまざと》の　人々《ひとびと》は、むかしから、山しごとや　クマがりなどに、おべんとうとして、トチもちを　もって　いったそうです。


（太田《おおた》　威《たけし》「トチの木《き》の一年《ねん》」）

＊木ばい＝草や木をやいたはい。

(1)　トチのみを　さいしょに　水に　つけるのは　何《なん》の　ためですか。つぎから　えらびましょう。

ア　やわらかく　するため。
イ　かわを　やわらかく　するため。
ウ　みを　きれいに　するため。
エ　虫を　ころすため。

（　）

(2)　――線《せん》「アクぬき」を　すると　トチのみの　あじは　どうなりますか。つぎから　えらびましょう。

ア　にがみが　出《で》る。
イ　あまみが　ふえる。
ウ　にがみが　きえる。
エ　あまみが　きえる。

（　）

(3)　さくしゃが　つたえたかった　ことを　つぎから　えらびましょう。

ア　トチもちを　作るのは　とても　たいへんな　しごとだった。
イ　トチもちは、おいしくて　長もちする　食《た》べものだ。
ウ　トチもちは、今《いま》では　あまり　食べられなく　なった。
エ　トチもちを　食べるのは、お正月の　時《とき》だけだ。

（　）

ステップ2

シール

じかん 25ふん
ごうかく 70てん
とくてん　　てん

べんきょうした日　月　日

1 つぎの 文《ぶん》しょうを 読《よ》んで、あとの といに こたえましょう。

どこの くにの 人《ひと》も、あつい 夏《なつ》には、つめたい ものを のんだり 食《た》べたり したいと 思《おも》いました。

①その ために、さいしょに 思いついたのは、②雪《ゆき》や こおりを つかう ことでした。

雪や こおりで のみものを ひやしたり、雪や こおりに くだものの しるや あまい のみものを かけて 食べたり したのです。

そんな こと、ちっとも ［③］ じゃ ないなんて、思っては いけません。

雪や こおりを はこんだり、とって おいたり する ことは、むかしは、とても たいへんな ことだったのです。

ひこうきも ありませんから、雪が ほしい 時《とき》には、遠《とお》くて 高《たか》い 山《やま》まで 行《い》って とけないように、走《はし》って はこんで こなければ なりませんでした。

また、冬《ふゆ》の 間《あいだ》に つもった 雪や、池《いけ》に はった こおりを、夏に つかえるように とって おきました。

れいぞうこが なかったので、これも たいへんな ことでした。日《ひ》の 光《ひかり》の あたらない ところに、ふかい あなを ほって、とけないように、草《くさ》を かぶせると いうように、色々《いろいろ》な くふうを して、とって おいたのです。

日本《にほん》でも、「ひむろ」と いう、雪や こおりを とって おいた あとが、あち

こちに　のこって　います。
雪や　こおりが、むかしは　とっても　ぜいたくな　ものだった　ことが、これで　わかりましたか？
（佐藤涼子《さとうりょうこ》「アイスクリームの　はなし」）

(1) ——線《せん》①は　何《なん》の　ためか　こたえましょう。（20点）

（　　　　）

(2) ——線②を　むかしの人は　どのように　つかって　いましたか。二《ふた》つ　こたえましょう。（40点）

（　　　　）

（　　　　）

---

(3) ③ に　あてはまる　ことばを、つぎから　えらび、きごうで　こたえましょう。（20点）

ア　ぜいたく　イ　かんたん　ウ　むだ　エ　たいへん

（　　　）

(4) 作《さく》しゃが　言《い》いたい　ことを、あとから　えらび、きごうで　こたえましょう。（20点）

ア　雪や　こおりは、いまも　きちょうな　ものだ。

イ　雪や　こおりは、むかしは　ぜいたくな　ものだった。

ウ　むかしの　人も　あまい　ものが　大《だい》すきだった。

エ　れいぞうこは　とても　べんりな　どうぐだ。

（　　　）

ステップ３

べんきょうした日
月　日

じかん	25ふん
ごうかく	70てん
とくてん	てん

シール

1 つぎの　文《ぶん》しょうを　読《よ》んで、あとの　といに　こたえましょう。

けっこんした　めすの　だちょうは　たまごを　うみます。せかい一《いち》　大《おお》きな　かたい　たまごです。

それにしても　たまごは　いっぱい　あります。ぜんぶ　お母《かあ》さんが　うんだので　しょうか。

じつは　たまごは　あの　お母さんの　うんだ　ものだけでは　ないのです。なかまの　めすが　うんだ　たまごも　ぜんぶ　ここに　あるのです。それらを　まとめて、お父《とう》さんと　お母さんが　めんどうを　見《み》るのです。

だちょうは　たまごを　あたためはじめます。だちょうの　お父さんと　お母さんの　くろうの　はじまりです。

たまごは、肉《にく》を　食《た》べる　どうぶつたちに　とっては　えいようまん点《てん》の　食べもの。だから　①色《いろ》んな　どうぶつが　たまごを　ねらって　やって　きます。

ハイエナは　たまごに　とって　一番《いちばん》の　てきです。だちょうには　とても　強《つよ》い　足《あし》が　あります。でも　がんじょうな　ハイエナは、たまごを　まもる　親《おや》たちに　さんざんに　けられても、また　もどって　くるのです。

だちょうの　お父さんと　お母さんは、交《こう》たいで　たまごを　まもります。

②夜《よる》は、おもに　強い　お父さんの方が　まもります。てきが　多《おお》いからです。

あつい　昼《ひる》ま、③お母さんが　たまごの　上《うえ》に　すわって　います。けっして　たま

ごを　あたためて　いるのでは　ありません。たまごが　あつく　なりすぎないように、太《たい》ようの　光《ひかり》を　さえぎって　いるのです。

（羽仁《はに》　進《すすむ》「だちょうの　ひなが　うまれたよ」）

(1) だちょうの　たまごは、どんな　たまごですか。（20点）

（　　　）

(2) ――線《せん》①の　りゆうを　こたえましょう。（20点）

（　　　）

(3) ――線②の　りゆうを　こたえましょう。（20点）

（　　　）

(4) ――線③の　りゆうを　こたえましょう。（20点）

（　　　）

(5) さくしゃの　考《かんが》えと　合《あ》って　いる　ものを　つぎから　えらび、きごうで　こたえましょう。（20点）

ア だちょうは　たまごを　うんでからが　大《たい》へんだ。

イ だちょうは　てきが　くると、空《そら》を　とんで　にげる。

ウ だちょうは　自分《じぶん》の　うんだ　たまごだけを　そだてる。

エ だちょうの　たまごは　おいしい。

（　　　）

11 ものがたりを 読《よ》む (1)

学習のねらい 物語文では、話の展開を正しく読み取り、手がかりをもとにしながら登場人物の心情の変化をとらえることが大切です。

べんきょうした日　月　日

ステップ1

1 つぎの 文《ぶん》しょうを 読《よ》んで、あとの といに こたえましょう。

「あれ、きょうは しゃれた シューズはいてるじゃ ねえか。」
いじめっ子《こ》は、ショウの 後《うし》ろに、立《た》って 言《い》いました。
この くつを とられては ①たまりません。
きのう お母《かあ》さんと、三《さん》げんも くつやさんを まわって、ようやく 見《み》つけたお気《き》に入《い》りの スニーカーです。少《すこ》し 大《おお》きめだけど、今《いま》 はやりの かっこいいくつです。
②ショウは、聞《き》こえない ふりを してスニーカーを ぬぎました。
（山下明生《やましたはるお》「左《ひだり》ききのネコ」）

(1) ――線《せん》①は、どんな 気もちですか。つぎから えらび、きごうで こたえましょう。

ア たのしい　イ つらい
ウ ふあん　エ こわい　（　　）

(2) ――線②の ときの ショウの 気もちを つぎから えらび、きごうで こたえましょう。

ア いじめっ子など こわくない。
イ くつを とられたく ない。
ウ いじめっ子を こらしめよう。
エ だれかに たすけて ほしい。　（　　）

2 つぎの　文しょうを　読んで、あとの　といに　こたえましょう。

ムッツリの　家《いえ》に　いきなり　とびこんできたものが　あります。

見《み》ると、それは、ぜったいに　やってくる　はずの　ない　ガヤガヤでは　ありませんか。

「あー、よかった。」

ガヤガヤは、ムッツリの　家の　ドアをしっぽの　先《さき》で　しめると、ほっと　①ためいきを　つきました。

「ここへ　たどりつくまで、ほんとに　気《き》が気じゃ　なかったよ。」

ムッツリは、②あっけに　とられて、おかっぱあたまの　下《した》から　［③］　と　ガヤガヤを　見あげて　いるばかりです。

「たったいま、おそろしい　手紙《てがみ》が　まいこんで　きたんだよ。ムッツリ。」

（舟崎克彦《ふなざきよしひこ》「ガヤガヤ　ムッツリ」）

---

(1) ——線①の　ガヤガヤの　気もちを　つぎから　えらび、きごうで　こたえましょう。

ア あんしんする　気もち。
イ がっかりする　気もち。
ウ びっくりする　気もち。
エ しんぱいする　気もち。（　）

(2) ——線②の　ムッツリの　気もちを　つぎから　えらび、きごうで　こたえましょう。

ア うれしい　**イ** かなしい
ウ びっくり　**エ** つらい（　）

(3) ［③］に　あてはまる　ことばを　つぎから　えらび、きごうで　こたえましょう。

ア じろじろ　**イ** こっそり
ウ びくびく　**エ** ぽかーん（　）

ステップ2

1 つぎの　文《ぶん》しょうを　読《よ》んで、あとの　といに　こたえましょう。

「ああ、よかった！　ありがとう」

［①］して、たすけて　くれた　子《こ》を　みると、みんな、ひでやの　知《し》らない　子です。

「きみたち、だれ？」

「おにの子よ」

大《おお》きい　女《おんな》の子が　そう　答《こた》えたので　ひでやは　びっくりしました。
②「うそ！　おにの子だって！」
おにの子なら、はだかで　とらの　かわの　ふんどしを　して、目《め》が　ぎらっと　して、てつの　ぼうを　もって、こわーい　はずなのに、この　子たちは　ふくを　きて　いるし、てつの　ぼうも　もって　いません。
③おにの子で　あるはずは　ありません。
しかし、大きい　女の子は、言《い》いました。

「よーく　みてよ。つのが　あるんだから」

なるほど、頭《あたま》の　かみの　あいだに、小《ちい》さい　つのが　ちょこんと　とびだして　います。

……④本当《ほんとう》に　おにだ！　どうしよう。

ひでやは　こわく　なりました。

しかし、ふしぎに　思《おも》って　言いました。
⑤「おにの子が　どうして、ぼくを　たすけて　くれたの？」
「たすけてーって、言ったからだよ。たすけないと　けがして　しまうよ」

（古田足日《ふるたたるひ》「ひみつのやくそく」）

シール

じかん	ごうかく	とくてん
25ふん	70てん	てん

べんきょうした日　月　日

(1) ①に　あてはまる　ことばを　つぎから　えらび、きごうで　こたえましょう。(10点)

ア ぎょっと　イ ぎくっと

ウ そわそわ　エ ほっと（　）

(2) ——線《せん》②の　時《とき》の　ひでやの　気《き》もちを　こたえましょう。(20点)

（　）

(3) ——線③のように　思《おも》った　りゆうを、こたえましょう。(20点)

（　）

(4) ——線④に　ついて、こたえましょう。

① このように　思った　りゆうを　こたえましょう。(15点)

（　）

② このとき、ひでやは　どんな　気《き》もちか　こたえましょう。(15点)

（　）

(5) ——線⑤から、ひでやは　おにが　どんな　生《い》きものだと　思って　いる　ことが　わかりますか。(20点)

（　）

12 ものがたりを 読《よ》む (2)

学習のねらい
物語文では、あらすじをしっかり読み取ることが大切です。何が起こり、どのような結果になったのか、注意して読み進めます。

べんきょうした日　月　日

ステップ1

1 つぎの 文《ぶん》しょうを 読《よ》んで、あとの といに こたえましょう。

風《かぜ》の子《こ》は、ためいきを ほっと つきました。

(遠《とお》くまで 来《き》たなあ。)

風の国《くに》を しゅっぱつする とき、お母《かあ》さんが 言《い》いました。

「①北風《きたかぜ》は 南風《みなみかぜ》のように、人間《にんげん》や どうぶつに ［ ② ］んだよ。でも 北風も りっぱな 風だからね。その ことを わすれては いけないよ。わかったかい。」

「わかったよ。」

と、風の子は、元気《げんき》に 言いました。

けれど、お母《かあ》さんの ことばの 本当《ほんとう》の いみが 分《わ》かったのは、たびに 出《で》てからでした。

北風の子が とんで 行《い》くと、人間たちは、いそいで まどや 戸《と》を しめました。

どうぶつたちは、［ ③ ］に 空《そら》を 見上《みあ》げ、あわてて すに もどりました。

木々《きぎ》は みぶるいを して、黄色《きいろ》や 赤《あか》に 色《いろ》の かわった

「［ ④ ］」

と、たのみました。

北風の子は、しだいに 元気が なくなりました。⑤たびの つかれが 二《に》ばいにも、三《さん》ばいにも なるような 気が しました。

（あまんきみこ「きんのこどり」）

(1) ――線《せん》①は、どんな かぜですか。つぎから えらび、きごうで こたえましょう。

ア あたたかい 風。
イ あつい 風。
ウ すずしい 風。
エ つめたい 風。

（　）

(2) ② に あてはまる ことばを つぎから えらび、きごうで こたえましょう。

ア よろこばれる
イ よろこばれない
ウ あいてに されない
エ たいせつに される

（　）

(3) ③ に あてはまる ことばを つぎから えらび、きごうで こたえましょう。

ア しんぱいそう　イ うれしそう
ウ おどろいたよう
エ たのしそう

（　）

(4) ④ に あてはまる ことばを つぎから えらび、きごうで こたえましょう。

ア よく きて くれました。
イ どうか ちかよらないで。
ウ あなたは だれなの。
エ こちらへ どうぞ。

（　）

(5) ――線⑤の りゆうを つぎから えらび、きごうで こたえましょう。

ア 遠くまで 来て しまったから。
イ みんなに いやがられるから。
ウ 冬《ふゆ》が 来て しまったから。
エ お母さんに 会《あ》えないから。

（　）

ステップ2

べんきょうした日　月　日

じかん	25ふん
ごうかく	70てん
とくてん	てん

シール

1 つぎの　文《ぶん》しょうを　読《よ》んで、あとの　といに　こたえましょう。

「①ほうら、ぼくの　かちだ。」

すると、まけた　とらねこが、にやっと　わらいました。

そのとたん、たっちゃんは　いきなり　目《め》が　回《まわ》りました。

「②あら　あら　あら。」

立《た》って　いられなく　なって、たっちゃんは　思《おも》わず　地《じ》めんに　ひざを　ついて　しまいました。

そのまま、体《からだ》が　③　と　ちぢんで　いったかと　思うと……。

たっちゃんは、かわいい　黒ねこに　かわって　しまったのです。

すぐに　たっちゃんは　立ち上《あ》がりました。まわりの　すすきが　すっかり　大《おお》きく　なって、林《はやし》の　中みたいです。

④とらねこも、今《いま》では　本《ほん》ものの　とらほどの　大きさに　見《み》えます。

あわてて　たっちゃんは　じぶんの　体を　ながめました。

「ぼ、ぼ、ぼくが、ね、ね、ね、ねこだ！」

「⑤しんぱいしなくても　いいのさ。」

とらねこは、⑥おもしろそうに　言《い》いました。

「おれと　じゃんけんして　かったから、ちょっとの　間《あいだ》、ねこに　なれたのさ。」

そして、たっちゃん(今は　黒ねこ)の　かたを　ぽんと　たたきました。

「さ、こっちへ　来《こ》いよ。ぐずぐずしてると、おまえは　人間《にんげん》に　もどっちゃう。」

（佐藤《さとう》さとる「じゃんけんねこ」）

(1) ——線《せん》①は、どういう ことを あらわして いますか。(10点)
たっちゃんが（　　　）を して、と（　　　）かった こと。

(2) ——線②の ときの たっちゃんの 気《き》もちを こたえましょう。(20点)
（　　　）

(3) ③に あてはまる ことばを つぎから えらび、きごうで こたえましょう。(15点)
ア びりびり　イ ふわふわ
ウ きゅうっ　エ きらきら（　　）

(4) ——線④のように みえた りゆうを、こたえましょう。(20点)

(5) ——線⑤と いった りゆうを つぎから えらび、きごうで こたえましょう。(20点)
ア 人間に もどれるから。
イ かわいい ねこに なったから。
ウ この 話《はなし》は ゆめだから。
エ ねこの 生活《せいかつ》は らくだから。
（　　）（　　　）

(6) ——線⑥について、とらねこは、だれの、どんな ようすを おもしろそうに 見《み》て いたので すか。(15点)
（　　　）

13 ものがたりを読《よ》む(3)

学習のねらい

物語文では、心情や様子を表す言葉を補う問題が多く出題されます。前後の内容から、ふさわしい言葉を選べるように注意します。

べんきょうした日　月　日

ステップ1

1 つぎの文《ぶん》しょうを読《よ》んで、あとのといにこたえましょう。

「よっこちゃんが　ぶつかったあ。」

けんちゃんが　なきだした。

すごい　声《こえ》だ。

「うえい、うえい、うえい、うえい。」

①あれれ、ぶつかったのは、でんぐりがえしを　した　けんちゃんの　方《ほう》じゃ　なかったかな。よっこちゃんだって　いたいのに。

あそびに　来《き》て　いた、よっこちゃんと　ともちゃんは　［②］　かえって　行《い》った。

なにしろ、けんちゃんと　きたら、なきだしたら　いつだって　止まらない　サイレンなきだから。

みんな　帰《かえ》っては、つまらない。

なくのだって、つまらない。

でも、へんだぞ。にぎやかに　なったぞ。

けんちゃんが　顔《かお》を　おさえて　いるゆびを　少《すこ》し　ひろげて、ゆびの　間《あいだ》から、よくよく　見《み》ると、

③「ひゃあ！」

小《ちい》さい　小さい　ちびおにが、たたみの上《うえ》で　なみだの　つぶを　ひろって、せっせと　食《た》べて　いた。

九《きゅう》ひきも　いる。

一《いち》…二《に》…三《さん》…四《よん》…五《ご》…六《ろく》…七《しち》…八《はち》…九《きゅう》。

九ひきの　まるっこい　［④］　した　ちびおにが、けんちゃんの　なみだを、まるで　ビスケットでも　食べて　いるみたい

に、もぐもぐもぐ。あめを　なめて　いるみたいに、ぺちゃぺちゃぺちゃ。
その　かっこうったら……。
けんちゃん、⑤　わらいだしちまった。
（あまんきみこ「なみだおに」）

(1) ——線《せん》①から、けんちゃんは、どんな　せいかくの　子《こ》だと　わかりますか。つぎから　えらび、きごうで　こたえましょう。
ア おもいやりの　ある　子。
イ じぶんかってな　子。
ウ ゆうきの　ある　子。
エ おとなしい　子。
（　）

(2) ②に　あてはまる　ことばを　つぎから　えらび、きごうで　こたえましょう。
ア あきれて　イ よろこんで
ウ はずかしくて　エ うれしくて
（　）

(3) ——線③の　けんちゃんの　気《き》もちを　つぎから　えらび、きごうで　こたえましょう。
ア みんなが　かえって　かなしい。
イ ひとりに　なって　つまらない。
ウ こおにが　いるので　びっくり。
エ おにが　いて　こわい。
（　）

(4) ④と　⑤に　あてはまる　ことばを　つぎから　えらび、きごうで　こたえましょう。
ア ふわふわ　イ くすくす
ウ ぎしぎし　エ ころころ
④（　）⑤（　）

ステップ2

1 つぎの　文《ぶん》しょうを　読《よ》んで、あとの　といに　こたえましょう。

たっちゃんが、道《みち》で、かたっぽうの　足《あし》が　とれて　いる、おもちゃの　ロボットを　ひろいました。

足は　とれて　いるけれど、頭《あたま》の　上《うえ》の　アンテナに　さわると、

ブビィーン。

ロボットが　しゃべりだしたのです。

「きみの　名《な》まえを　あてようか。きみの　名まえは、こもり・たつろうだ。」

①たっちゃんは　びっくりしました。

ところが、ロボットは、ゆっくり　右《みぎ》の　手《て》を　あげると、もっと　もっと、［②］する　ことを　言《い》いました。

「ぼくは、きみの　［③］だ。ポケットの　コーラあめを　出《だ》せ。」

ロボットの　手の　ひとさしゆびに、赤《あか》い　ライトが　つきました。

「たいちょうの　いう　ことを　きかないと、この　ライトで　うって、ロボットに　して　しまうぞ。」

ロボットに　されては　たいへんです。

④「あめぐらい、やるよ。」

すると、ロボットは、

ガーッ。

口《くち》を　あけると、

ガチン。

あめを、ぼうごと、おなかの　中《なか》に　ほうりこみました。

「これで、今《いま》、新《あたら》しい　足を　作《つく》る。」

ジィーン。

見《み》て　いた　たっちゃんは　おどろきま

シール

じかん	ごうかく	とくてん
25ふん	70てん	てん

べんきょうした日　月　日

した。
⑤ほんとです。とれた　かたっぽうの　足の　ところから、ゆっくりと、できたての足が　出て　きたのです。

(香山美子《こうやまよしこ》「ロボットたいちょう」)

(1) たっちゃんは、道で　どんな　ものを　ひろいましたか。(20点)

（　　）

(2) ——線《せん》①で　びっくりしたのは　なぜですか。(20点)

（　　）

(3) ②に　あてはまる　ことばを　四字《よじ》で　こたえましょう。(10点)

（　　）

(4) ③に　あてはまる　ことばを　つぎから　えらび、きごうで　こたえましょう。(10点)

ア　せんせい　イ　たいちょう
ウ　なかま　エ　おとうと（　）

(5) ——線④の　たっちゃんの　気《き》もちを、こたえましょう。(20点)

（　　）

(6) ——線⑤は、どんな　ことを　みて、「ほんとです」と　思《おも》ったのか、せつめいしましょう。(20点)

（　　）

ステップ３

1 つぎの 文《ぶん》しょうを 読《よ》んで、あとの といに こたえましょう。

①「すみませんが、うさぎの ウサロさんへ ことづてを おねがい できないかしら」

「いいですとも。このあと あちらの 方《ほう》へ 行《い》きますから」

モンクは うなずいて、ポケットから 手《て》ちょうを とりだしました。まい日《にち》 森《もり》を まわって いると、こういう たのまれごとも ② あるのです。

「あさって、つまり、日《にち》ようびの 午後《ごご》二《に》時《じ》から、広場《ひろば》の ホールで、コーラスの あつまりが あります。ひさしぶりに 出《で》て いらっしゃいませんか。そう、つたえて ほしいのよ」

「あさっての 午後二時ですね。しょうちしました」

手ちょうに 書《か》きとめながら、モンクが 答《こた》えました。

「ウサロさんは、とても ねっしんだったのに ぱったり 来《こ》なくなっちゃって。うちに とじこもって ばかりじゃ、体《からだ》にも よくないと 思《おも》うんだけどねえ」

アリスが ③ためいきまじりに 言《い》いました。

ゆうびんきょくちょうの くまの マクスの 話《はなし》では、ウサロは もとは クリーニングやで、森《もり》の 大通《おおどお》りに 店《みせ》を もち、たいそう はんじょうして いたとか。

年《とし》を とって、しょうばいを やめてからは、おくさんと 森《もり》の 北《きた》がわへ うつりすみ、やさいや 花《はな》を 作《つく》って、のんび

シール

じかん	ごうかく	とくてん
25ふん	70てん	てん

べんきょうした日 月 日

りくらして　いました。

（森山《もりやま》　京《みやこ》「いいおへんじをまってます」）

(1)　――線《せん》①について、こたえましょう。

①　この　ことばは、だれが　話して　いますか。（10点）

（　　）

②　「ことづて」の　ないようを　みじかく　まとめて　こたえましょう。（20点）

（　　）

③　「ウサロさん」は、今《いま》　どこで　どんな　くらしを　して　いますか。（20点）

（　　）

(2)　②に　あてはまる　ことばを　つぎから　えらび、きごうで　こたえましょう。（10点）

ア　いそいそ　イ　ちょいちょい　ウ　うきうき　エ　どきどき

（　　）

(3)　――線③の　ときの　アリスさんの　気《き》もちを　こたえましょう。（20点）

（　　）

(4)　アリスさんは、どんな　せいかくか　こたえましょう。（20点）

（　　）

14 せつめい文《ぶん》を 読《よ》む (1)

学習のねらい
説明文では、何について書かれているかテーマをとらえて読み取ることが大切です。述べられている内容を確かめながら解答しましょう。

べんきょうした日　月　日

ステップ1

1 つぎの 文《ぶん》しょうを 読《よ》んで、あとの といに こたえましょう。

①電車《でんしゃ》と ひこうきは、どちらも のりものです。どちらも、たくさんの 人《ひと》や にもつを のせて、遠《とお》くまで はこんで くれます。

電車は、じめんを 走《はし》り、ひこうきは、空《そら》を とびます。ですから、②まどから 見《み》える けしきも ちがいます。

はやさを くらべると、はやいのは ひこうきの 方《ほう》です。

（「くらべて せつめいしよう」 平成十四年度版 大阪書籍「しょうがくこくご 一下」）

(1) ――線《せん》①は どんな ところが にて いるのか、つぎから えらび、きごうで こたえましょう。

ア とても はやく 走る ところ。
イ くうこうに ちゃくりくする ところ。
ウ じめんを 走る ところ。
エ たくさんの にもつや 人を はこぶ ところ。

（　　）

(2) ――線②は どうしてですか。

電車は（　　）を 走り、ひこうきは（　　）を とぶから。

(3) 電車と ひこうきでは、どちらが はやいと 書《か》かれて いますか。

（　　）

2 つぎの　文しょうを　読んで、あとの　といに　こたえましょう。

　カメは、毎日《まいにち》　きまった　時間《じかん》に　同《おな》じように　えさを　やると、だんだん　かいぬしに　なれて　きます。少《すこ》し　なれると、えさの　時間に　水《すい》そうや　池《いけ》を　のぞくだけで、首《くび》を　のばして、①さいそくするように　よって　きます。もっと　なれると、はしや　ピンセットからだけで　なく、手《て》からも　直《ちょく》せつ　食《た》べるように　なります。
　カメの　顔《かお》も　見《み》ないで、えさだけを　ほうりこんだりして　いると、カメも　なれません。らんぼうに　あつかうと、こわがって、かいぬしが　くると　②にげるように　なります。

（小宮輝之《こみやてるゆき》「カメのかいかた　そだてかた」）

(1) ――線《せん》①は　どのように　するのですか。つぎから　えらび、きごうで　こたえましょう。

ア　水そうや　池を　のぞいて　さいそくする。
イ　首を　のばして　さいそくする。
ウ　顔も　見ないで　さいそくする。
エ　手から　直《ちょく》せつ　食べて　さいそくする。

（　　）

(2) ――線②のように　なるのは　なぜか、つぎから　えらび、きごうで　こたえましょう。

ア　らんぼうに　あつかわれて　こわいから。
イ　えさを　食べられなくて　こまるから。
ウ　かいぬしの　顔が　わからないから。
エ　カメは　こわがりの　生《い》きものだから。

（　　）

ステップ 2

シール

じかん 25ふん
ごうかく 70てん
とくてん　てん

べんきょうした日　月　日

1 つぎの　文《ぶん》しょうを　読《よ》んで、あとの　といに　こたえましょう。

チョウの　なか間《ま》は、どれも、たまごから　よう虫《ちゅう》、さなぎと　すがたを　かえながら　せい長《ちょう》して　いきます。クロコノマチョウの　たまごは、えさに　なる　しょくぶつの　はの　うらに　うみつけられ、一週間《しゅうかん》ほどで　かえって　よう虫と　なります。よう虫は、さいしょに　じぶんの　入《はい》って　いた　たまごの　からを　食《た》べ、その　あと　草《くさ》の　はを　食べはじめます。よう虫は　体《からだ》が　大《おお》きく　なると、きゅうくつに　なった　外《そと》がわの　かわを　ぬぎすてます。これを　だっぴと　いいますが、だっぴを　くりかえしながら　大《おお》きく　なります。

(岸《きし》一弘《かずひろ》「虫《むし》たちは　どこへ　いくのか」)

(1) チョウは　どのように　大きく　なりますか。じゅんばんに　ならべましょう。(15点)

ア よう虫　イ さなぎ　ウ たまご

(　)→(　)→(　)

(2) うみつけられた　たまごは、どれくらいで　かえりますか。つぎから　えらび、きごうで　こたえましょう。(20点)

ア 一日《にち》ほど　イ 3日《か》ほど　ウ 一週間ほど　エ 一か月《げつ》

(　)

(3) たまごから　かえった　よう虫は、さいしょに　何《なに》を　食べますか。(20点)

(　)

2 つぎの　文しょうを　読んで、あとの　といに　こたえましょう。

ところで、二本《にほん》あしで　歩《ある》くのは　ヒトだけでしょうか？　①ほかに　どんな　ものが　いるか、みなさんも　考《かんが》えて　ください。

まず、ニワトリや　ダチョウが　いますね。これらは　二本あしで　地上《ちじょう》を　歩き、また　走《はし》りまわります。空《そら》とぶ　トリたちも　地上や　こずえに　おりれば、つばさを　たたみ、二本あしで　立ったり　歩いたり　します。②ハトや　サギなどは、左右《さゆう》の　あしを　かわりばんこに　前《まえ》へ　出《だ》して　歩きます。③スズメなど　小鳥《ことり》たちは、りょうあしを　そろえて、ぴょんぴょんはねて　前《ぜん》しんします。

しかし、同《おな》じ　二本あしでも、トリとヒトとでは　歩く　ときの　しせいが、だいぶ　ちがいます。

（香原志勢《こうはらゆきなり》「二本足《にほんあし》で立《た》って　どういうこと？」）

---

(1)　――線《せん》①について、どのような　ものが　いると　書《か》いて　いますか。文しょうの　中《なか》から　見《み》つけて　五《いっ》つ　こたえましょう。（25点）

（　　　）（　　　）（　　　）（　　　）（　　　）

(2)　――線②・③の　トリは　それぞれ　どのように　歩きますか。（20点）

②（　　　）の　あしを（　　　）に　前《まえ》へ　出して　歩く。

③（　　　）を　そろえて　ぴょんぴょん（　　　）歩く。

15

せつめい文《ぶん》を読《よ》む(2)

学習のねらい

説明文では、何について書かれているかテーマをとらえて読み取ることが大切です。述べられている内容を確かめながら解答しましょう。

べんきょうした日　月　日

ステップ1

1 つぎの　文《ぶん》しょうを　読《よ》んで、あとの　といに　こたえましょう。

きょうりゅうが　ほろぶと、けものが　あらわれました。

はじめは、ねずみのような　小《ちい》さな　けものでした。

長《なが》い　年月《としつき》が　たち、だんだん　大《おお》きく　なりました。

馬《うま》の　先《せん》ぞは、犬《いぬ》ほどの　大きさでした。

さいの　先ぞは、頭《あたま》と　はなに　こぶが　ありました。

ちきゅうの　上《うえ》が、さむく　なって　きました。

見《み》わたすかぎり、雪《ゆき》と　こおりの　さむい　北《きた》の　国《くに》。

①そんな　ところにも　ぞうが　いました。

くるっと　まがった　大きな　きばの　まんもすぞうです。

まんもすぞうは、長《なが》い　毛《け》を　つけて　います。

雪の　下の　草《くさ》を　ほって　食《た》べました。

毛の　長い　さいも　いました。

あれ、②木《き》のみを　とって　いるのは　おさるかな。

いいえ、ちがいます。

大むかしの　人間《にんげん》の　先ぞです。

人間の　先ぞと、さるは、遠《とお》い　しんせきです。

大むかしの　人間は、さるのように、きものを　きて　いません。

木のみを　食べました。
また、石《いし》を　なげたり　ぼうを　ふりまわして　どうぶつを　たおし、みんなで　食べました。

（たかしよいち「おおむかしのいきもの」）

(1) つぎの　どうぶつが　あらわれた　じゅんばんに　ならべましょう。

ア　まんもすぞう
イ　きょうりゅう
ウ　うまの　先ぞ、さいの　先ぞ
エ　小さな　けもの

（　）→（　）→（　）→（　）

(2) ——線《せん》①は、どんな　ところですか。

見わたすかぎり（　　　）の（　　　）北の　国。

(3) ——線②を　して　いるのは、どのような　生《い》きものか、つぎから　えらび、きごうで　こたえましょう。

ア　おさる
イ　おさるの　先ぞ
ウ　人間
エ　人間の　先ぞ

（　）

(4) 大むかしの　人間は　どのように　くらして　いましたか。まちがって　いる　ものを　つぎから　えらび、きごうで　こたえましょう。

ア　木のみを　食べて　いた。
イ　きものを　きて　いなかった。
ウ　さると　くらして　いた。
エ　どうぶつを　たおし、みんなで　食べた。

（　）

ステップ 2

1 つぎの　文《ぶん》しょうを　読《よ》んで、あとの　といに　こたえましょう。

ひきしおの　時《とき》の　海《かい》がんには、岩場《いわば》の　あちこちに、海《うみ》の　水《みず》が　たまった　大小《だいしょう》の　水たまりが　できて　います。この　水たまりを　①しおだまりとか　タイドプールと　言《い》います。しおだまりは、日《ひ》ざしや　風《かぜ》、雨《あめ》や　なみなどの　力《ちから》が　強《つよ》く　はたらくので、生《い》きものに　とっては、あまり　くらしやすい　場《ば》しょでは　ありません。

②［　　］、岩《いわ》の　上《うえ》や　しおだまりの　中《なか》を　みると、たくさんの　ヤドカリを　見《み》つける　ことが　できます。

しおだまりの　岩の　上を　見て　いると、何《なに》かが　ごそごそと　うごいて　います。ヤドカリです。

③［　　］時には、貝《かい》や　小石《こいし》のようで　見つけにくいですが、うごきだすと　思《おも》いのほか　スピードが　あるので、見つけやすく　なります。

つかまえようと　すると、体《からだ》を　貝がらの　中《なか》に　ひっこめ、ころんと　ころがって、水の　中に　おちて　しまいました。おちた　あたりを　しばらく　見て　いると、水の　中を　歩《ある》きだしました。よく　見ると、水の　中の　岩の　上には、たくさんの　ヤドカリが　います。

ヤドカリは、きけんを　かんじると　体を　ちぢめて、入《はい》って　いる　貝がらの　中に　かくれます。

（草野慎二《くさのしんじ》「ヤドカリ」）

シール

じかん	ごうかく	とくてん
25ふん	70てん	てん

べんきょうした日　月　日

(1) ——線《せん》①について、こたえましょう。

① 「しおだまり」は どんな ものですか。(20点)

（　　　）の ときに 海がんの 岩場で（　　　）が たまった 水たまり。

② 「しおだまり」は 生きものに とって、どのような 場しょか、つぎから えらび、きごうで こたえましょう。(20点)

ア 生きものの えさが たくさん あって、くらしやすい 場しょ。

イ 強い 日ざしで 水が あたため られて いて、気《き》もちの いい 場しょ。

ウ 日ざしや 風や 雨や なみの 力が 強い、くらしにくい 場しょ。

エ かたい 岩が ごつごつ して いて、すみにくい 場しょ。（　　　）

(2) ②に あてはまる ことばは どれでしょう。つぎから えらび、きごうで こたえましょう。(20点)

ア だから　イ でも

ウ なぜなら　エ ところで（　　　）

(3) ③に あてはまる ことばは どれか、つぎから えらび、きごうで こたえましょう。(20点)

ア 走《はし》って いる　イ 歩いて いる

ウ とまって いる

エ およいで いる（　　　）

(4) ヤドカリは きけんを かんじると どうしますか。(20点)

（　　　）を ちぢめて、

（　　　）の 中に かくれる。

16 日記《にっき》・手紙《てがみ》を 読《よ》む

学習のねらい

日記では、どんな話題について書かれ、どんな気持ちだったのか、手紙では、どんな目的で書かれたのか読み取ることが大切です。

べんきょうした日　月　日

ステップ1

1 つぎの 日記《にっき》を 読《よ》んで、あとの といに こたえましょう。

五月十五日《ごがつじゅうごにち》　日《にち》よう日《び》　はれ

きょうは 遠足に 行《い》きました。けしきが とても きれいな 場《ば》しょでした。

みんなで 外《そと》で おべんとうを 食《た》べた ことが 一番《いちばん》 楽《たの》しかったです。お母《かあ》さんが 作《つく》って くれた サンドイッチが とても おいしかったです。

また、みんなで いっしょに おべんとうを 食べたいと 思《おも》いました。

(1) ――線《せん》の ぶぶんには どんな ないようを つけくわえると よいと 思いますか。つぎから えらび、きごうで こたえましょう。

ア いつの 日《ひ》に 遠足に 行ったか。

イ 遠足の 日は どんな 天気《てんき》だったか。

ウ どこに 遠足に 行ったか。

エ 遠足に 行って どう 思《おも》ったか。

（　　）

(2) 一番 楽しかったのは どんな ことだと 書《か》かれて いましたか。

（　　）で 外で（　　）を 食べた こと。

(3) 何を 食べましたか。

（　　）

2 つぎの　はがきを　見《み》て、あとの　といに　こたえましょう。

おもて

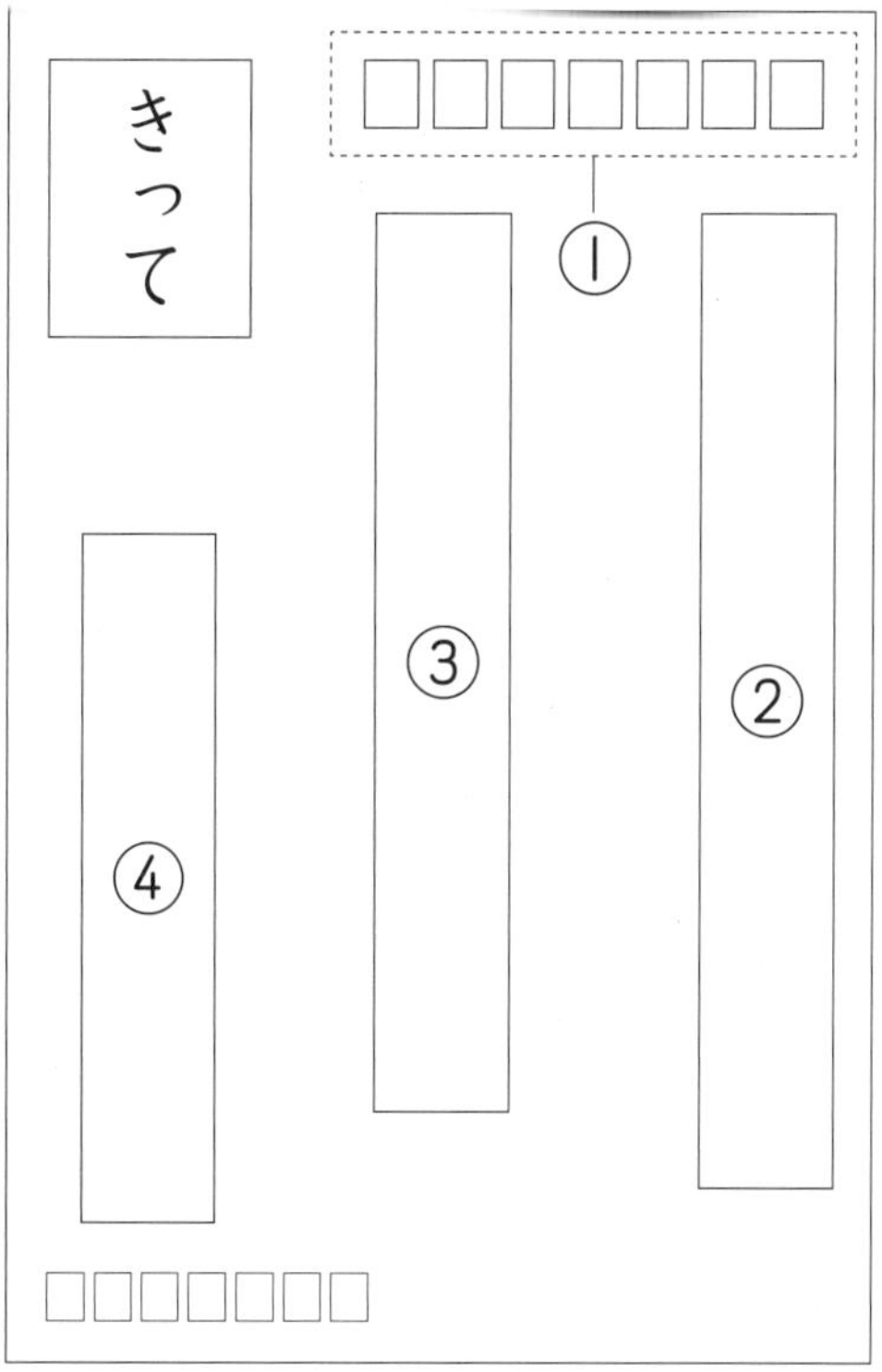

うら

先生《せんせい》、こんにちは。

わたしは、山《やま》に　のぼって　きました。山の　ちょうじょうからの　けしきは　とても　きれいでした。

先生は、山のぼりは　すきですか。

また、のぼって　みたいです。

八月二十日《はちがつはつか》

(1) 上《うえ》の、はがきの　おもての、①〜④には、それぞれ　どんな　ことを　書けば　よいですか。こたえましょう。

ア　あいての　名《な》まえ。
イ　あいての　じゅうしょ。
ウ　あいての　ゆうびんばんごう。
エ　自分《じぶん》の　じゅうしょと　なまえ。

①（　　）　②（　　）　③（　　）　④（　　）

(2) どんな　ことを　つたえる　はがきですか。こたえましょう。

ア　先生が　山が　すきな　こと。
イ　山のぼりは　つかれる　こと。
ウ　山のぼりに　いった　こと。
エ　山のぼりを　したいと　いう　こと。

（　　）

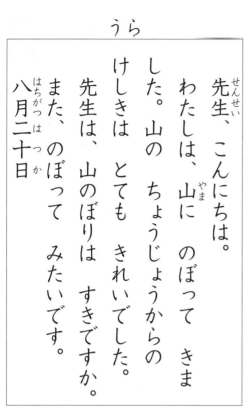

ステップ2

1 つぎの　日記《にっき》を　読《よ》んで、あとの　といに　こたえましょう。

八月《はちがつ》五日《いつか》　木《もく》よう日《び》　はれ

今日《きょう》、ぼくは　プールで　水《すい》えいの　れんしゅうを　しました。はじめは、顔《かお》を　水《みず》に　つける　ことも　できませんでしたが、れんしゅうする　うちに、水の　中《なか》で　目《め》を　あける　ことも　できるように　なりました。

今《いま》は、まだ　十《じゅう》メートルしか　およげませんが、夏休《なつやす》みの　間《あいだ》に　二十《にじゅう》メートル　およげるように　なりたいです。<u>あしたも　がんばって　れんしゅうしました。</u>

(1) この　日記は、どんな　ことに　ついて　書《か》かれて　いますか。（10点）

（　　　　）

(2) この　日《ひ》、どんな　ことが　できるように　なりましたか。（15点）

（　　　　）

(3) どんな　もくひょうが　あると　書かれて　いますか。（15点）

（　　　　）

(4) ——線《せん》の　文《ぶん》を　正《ただ》しく　なおして　書きましょう。（15点）

（　　　　）

シール

じかん	ごうかく	とくてん
25ふん	70てん	てん

べんきょうした日　月　日

2 つぎの　手紙《てがみ》を　読んで、あとの　といに　こたえましょう。

おじいちゃん、おばあちゃん、元気《げんき》ですか。

［①］らいしゅうの　日《にち》よう日《び》に、ぼくの　学《がっ》校《こう》で、うんどう会《かい》が　あります。おじいちゃんと　おばあちゃんにも　見《み》に　来《き》て　ほしいです。

ぼくは、クラスの　リレーの　せんしゅに　えらばれました。毎日《まいにち》、いっしょうけんめい　れんしゅうして　います。本番《ほんばん》では、ぜったいに　一《いっ》とうしょうを　とろうと　思《おも》います。ぜひ、おうえんして　くれ。では、また　会《あ》えるのを　楽《たの》しみに　して　います。

(1) この　手紙は　どんな　ことを　つたえようと　して　いるのですか。（15点）

（　　　）に、学校で（　　　）が　あるので、おじいちゃんと　おばあちゃんにも（　　　）きて　ほしいと　いう　こと。

(2) ［①］には　どんな　ことばを　入《い》れると　よいか、つぎから　えらび、きごうで　こたえましょう。（10点）

ア　今日は　天気《てんき》が　いいですね。
イ　ぼくは　走《はし》るのが　すきです。
ウ　らいしゅうが　楽しみです。
エ　ぼくは　元気です。

（　　　）

(3) ――線の　文を　正しく　なおして　書きましょう。（20点）

（　　　）

ステップ３

じかん	ごうかく	とくてん
25ふん	70てん	てん

べんきょうした日　月　日

1 つぎの　文《ぶん》しょうを　読《よ》んで、あとの　といに　こたえましょう。

あなたは　ごちそうが　大《だい》すきでしょう。「は」が　ないと　この　ごちそうが　食《た》べられなく　なるのです。

ごちそうを　口《くち》の　中《なか》へ　入《い》れると　のみのような「前《まえ》ば」は　ごちそうを　こまかく　切《き》ります。ちぎります。きざみます。うすのような「おくば」は　ごちそうを　すりつぶし　くだきます。

①こまかく　ちぎれて、すりつぶされた　ごちそうは　どう　なるのでしょう？

こまかく　ちぎれて、すりつぶされた　ごちそうは　おなかに　入《はい》って「えいよう」に　なります。

もし　②「は」がなくて　ごちそうを　こまかく　すりつぶさないと　おいしい　ごちそうを　食べても「えいよう」に　なりません。

「えいよう」が　ないと　体《からだ》が　やせて　弱《よわ》く　なって　しまいます。

その　大《だい》じな「は」が　どうして　③「虫《むし》ば」に　なるのでしょうか。

ごちそうを　食べた　時《とき》　小《ちい》さな「かす」が「は」の　まわりに　のこります。この「のこりかす」を　えさに　して「ばいきん」が　ふえます。「ばいきん」は　かたい「は」を　とかす「さん」を　作《つく》ります。

ですから「のこりかす」が「は」に　ついて　いると　だんだん「は」が　とけて　いきます。ほうって　おくと「は」

に　あなが　あきます。これが「虫ば」です。だから「虫ば」に　ならないためには——そうです！「は」に　ついた「のこりかす」を　そうじすれば　よいのです。それで「は」を　みがくのです。

（加古里子《かこさとし》「はははのはなし」）

(1)「前ば」は、食べる　時　どんな　やくわりを　しますか。（20点）

（　　　　）

(2)「おくば」は、食べる　時　どんな　やくわりを　しますか。（20点）

（　　　　）

(3)——線《せん》①は　どう　なるのです　か。（20点）

（　　　　）

(4)——線②のように　なると、人《ひと》の　体は　どう　なりますか。（20点）

（　　　　）

(5)——線③が　できる　じゅんばんに　ならびかえましょう。（20点）

ア「ばいきん」が「は」を　とかす「さん」を　作る。

イ「さん」が「は」を　とかし、あなが　あく。

ウ　ちいさな「かす」が「は」の　まわりに　のこる。

エ「のこりかす」を　えさに　して「ばいきん」が　ふえる。

（　）→（　）→（　）→（　）

17 しを 読《よ》む (1)

学習のねらい

詩には様々な表現技法が用いられます。そうした表現に注意しながら、詩の主題を読み取ることが大切です。

べんきょうした日　月　日

ステップ1

❶ つぎの しを 読《よ》んで、あとの といに こたえましょう。

かたつむり　ぷんぷん　　くどうなおこ

①お日《ひ》さま　かんかん
かたつむり　②ぷんぷん
おしめりが　ないと
おれは　*ひあがる
からは　ひびわれる
かたつむりは　からの中《なか》で
そっと　*ウェストを　はかった

*ひあがる＝かわく。　*ウェスト＝こしの　まわりの　長《なが》さ。

(1) ——線《せん》①は　どんな　ようすを　あらわして　いますか。つぎから　えらび、きごうで　こたえましょう。

ア　くもって　いる　ようす。
イ　はれて　いる　ようす。
ウ　雨《あめ》が　ふる　ようす。
エ　くらく　なる　ようす。

（　　）

(2) ——線②の　りゆうを　つぎから　えらび、きごうで　こたえましょう。

ア　雨が　ふらないと　ひあがるから。
イ　雨が　ふると　からが　われるから。
ウ　からの　中から　出《で》られないから。
エ　からが　小《ちい》さく　なったから。

（　　）

2 つぎの しを 読《よ》んで、あとの といに こたえましょう。

つきよの おばけ

阪田寛夫《さかたひろお》

おどかしてやろうと
①かくれていたら
うしろに しゃがんでた
くろおばけ

ぼく
きゃーっと にげた
②げた ぬげた
なんだなんだと
おまわりさん
その うしろにも
くろおばけー

(1) この しは いつごろの ようすを えがいた しですか。つぎから えらび、きごうで こたえましょう。

ア 朝《あさ》　イ 昼《ひる》
ウ 夕方《ゆうがた》　エ 夜《よる》
（　　）

(2) ――線①は だれですか。つぎから えらび、きごうで こたえましょう。

ア くろおばけ　イ ぼく
ウ おまわりさん
（　　）

(3) ――線②から どんな 気《き》もちが わかりますか。つぎから えらび、きごうで こたえましょう。

ア あわてて いる
イ うれしい
ウ しんぱいして いる
（　　）

(4) 「くろおばけ」は 何《なん》ですか。
（　　）

ステップ2

1 つぎの しを 読《よ》んで、あとの とい
に こたえましょう。

デンデンムシ　　まど・みちお

どこまでも つづいた
にじの みちの
おかに
ひとつ
しろい とうだい

(1) この しは どんな しですか。
（　　）に ことばを 書《か》きましょう。(20点)

この しは （　　　　）の
ことを 書いた しです。歩《ある》いた
あとを、どこまでも つづいた
（　　　　）と
あらわして います。

---

2 つぎの しを 読《よ》んで、あとの とい
に 答《こた》えましょう。

いびき　　まど・みちお

ねじを まく
ねじを まく
ゆめが とぎれないように

(1) ――線《せん》は どんな ようすを
あらわしているか、（　　）に こ
とばを 書きましょう。(20点)

（　　　　）を かいて いる
ようす。

べんきょうした日　月　日

じかん 25ふん
ごうかく 70てん
とくてん　てん

シール

3 つぎの しを 読んで、あとの といに こたえましょう。

（　　　）

高田敏子《たかだとしこ》

たった一《ひと》つの
さくらんぼ
食《た》べるにおしい
さくらんぼ
お母《かあ》さまに　あげましょか
それともむねにさげましょか
いいえ　おにわにうめたなら
めがでて　はがでて
木《き》になって
おにわいっぱい花《はな》ざかり
大《おお》きな　さくらになるかしら

たった一つの
さくらんぼ

(1) ――線と　ありますが、どうして　ですか。□□に　ことばを　書きましょう。(30点)

□□□□□ しかない
□□□□□ だから

(2) この しは、どのように 読めば よいですか。つぎから えらび、きごうで こたえましょう。(15点)

ア リズムよく　イ しずかに
ウ ゆっくりと　エ おおごえで
（　　）

(3) この しの だいめいを、つぎから えらび、きごうで こたえましょう。(15点)

ア さくら　イ 花ざかり
ウ おにわ　エ さくらんぼ
（　　）

学習のねらい
詩には様々な表現技法が用いられます。そうした表現に注意しながら、詩の主題を読み取ることが大切です。

べんきょうした日　月　日

ステップ1

1 つぎの しを 読《よ》んで、あとの といに こたえましょう。

□

与田準一《よだじゅんいち》

さざえの　かいがら
①だぁれの　ハウス？
カサコソ　カサコソ
子がにの　うちよ。
赤《あか》い　夕日《ゆうひ》が
おやすみ……
②また　あした……　って。
うみの　むこうに
ベッドはあるの？

(1) この しの だい名《めい》を つぎから えらび、きごうで こたえましょう。
ア 川《かわ》の うた　イ 空《そら》の うた
ウ はまべの うた
（　　）

(2) ——線《せん》①の こたえを 一行《ぎょう》で 書《か》きぬきましょう。
（　　）

(3) ——線②のように 思《おも》ったのは なぜですか。つぎから えらび、きごうで こたえましょう。
ア うみを およいで つかれたから。
イ 外国《がいこく》に りょこうに 行《い》くから。
ウ 夜《よる》に なり、ねむく なったから。
エ 夕日《ゆうひ》が うみの むこうに しずむから。
（　　）

2 つぎの しを 読んで、あとの といに こたえましょう。

かなしみ

木村信子《きむらのぶこ》

まったく
かなしみときたら
いつまでも
①ぼくに
くっついて いて
ぼくは
もう
②とっくに
なきつかれているのに
[③]のように
ふかすぎるんだ

(1) ——線①は どんな ようすか、つぎから えらび、きごうで こたえましょう。

ア ぼくが あんしんする ようす。
イ お母《かあ》さんが おこる ようす。
ウ ぼくの なきつかれた ようす。
エ ぼくの かなしむ ようす。( )

(2) ——線②の あとに つづく ひょうげんを、つぎから えらび、きごうで こたえましょう。

ア なみだが 出《で》て しまう。
イ ぼくは ゆるさない。
ウ えがおに なって しまう。
エ もう わすれて しまった。( )

(3) [③]に あてはまる ことばを つぎから えらび、きごうで こたえましょう。

ア うみ イ そら
ウ かぜ エ みず ( )

ステップ 2

シール

じかん	25ふん
ごうかく	70てん
とくてん	てん

べんきょうした日　月　日

1 つぎの しを 読《よ》んで、あとの といに こたえましょう。

ふかふかの セーター　小野寺悦子《おのでらえつこ》

ふかふかの ①セーター
ひつじの毛《け》の セーター
お母《かあ》さんが あんだ

②あんたを ひっぱりだすと
冬《ふゆ》が 来《き》たんだなって 思《おも》う

ふかふかの セーター
ことしも よろしく
わたしの 風《かぜ》よけ こねこちゃん

(1) ——線《せん》①は、どのような セーターか、こたえましょう。(10点)

(　　　)

(2) ——線②は、何《なん》の ことか、こたえましょう。(10点)

(　　　)

(3) この しは、いつごろの ようすを えがいて いるか、こたえましょう。(15点)

(　　　)

(4) セーターを きたいと いう 気《き》もちが わかる 一行《いちぎょう》を 書きぬきましょう。(10点)

(　　　)

2 つぎの しを 読んで、あとの といに こたえましょう。

□

原田《はらだ》直友《なおとも》

空《そら》に ボールを
なげ上《あ》げる
①ボールは 細《ほそ》く 小《ちい》さく すいこまれ
②空《そら》が かた手《て》で ひょいと うけ止《と》める

「いくぞ」
こんどは 空が
力《ちから》いっぱい なげかえす
③ボールは ぐんぐん 大《おお》きく なって
うなりながら
一直線《いっちょくせん》に とんでくる

「ナイス キャッチ」
空が
カラ カラ わらう

---

(1) ——線《せん》①〜③は、それぞれ どんな ようすを あらわして いますか。つぎから 一つずつ えらび、きごうで こたえましょう。(45点)

ア ボールが どんどん おちて きて ちかづく ようす

イ ボールが 空《そら》たかく とんで いく ようす

ウ とんで いった ボールが いちばん 高《たか》い ところで 止《と》まる ようす

①（　　）②（　　）③（　　）

(2) この しの だい名《めい》を つぎから えらび、きごうで こたえましょう。(10点)

ア サッカー　イ キャッチボール
ウ テニス　エ ゴルフ　（　　）

ステップ３

シール

じかん　25ふん
ごうかく　70てん
とくてん　　てん

べんきょうした日　月　日

1 つぎの　しを　読《よ》んで、あとの　といに　こたえましょう。

おいも　　北村蔦子《きたむらつたこ》

①ふとっちょおいもが　とうせんぼ
モグラのトンネル　とうせんぼ
しかたがないから　もぐらの　ぼうや
②グルッと　トンネル　まげました
ふとっちょおいもが　とうせんぼ
ノネズミどうりを　とうせんぼ
しかたがないから　ノネズミぼうや
③おいしい　トンネル　ほりました

(1) ――線《せん》①は、どんな　ようすか、（　　）に　ことばを　書《か》きましょう。（15点）

大きく　みのった（　　）が、（　　）の（　　）を　ふさいで　いる　ようす

(2) ――線②の　ように　した　りゆうを　つぎから　えらび、きごうで　こたえましょう。（15点）

ア　ほかの　もぐらを　よけるため
イ　おいもを　よけるため
ウ　おいもを　たべるため
エ　ノネズミを　とうせんぼする　ため

（　　）

(3) ――線③は、どんな　ようすか、（　　）に　ことばを　書きましょう。（20点）

（　　）が（　　）を　かじって

2 （　　）を あけた ようす

つぎの しを 読んで、あとの とい に こたえましょう。

林《はやし》の 中《なか》

原田《はらだ》直友《なおとも》

にわか雨《あめ》が ザーと 来《き》て
日《ひ》が カッと かがやいて
木々《きぎ》の みどりが あざやか
①水玉《みずたま》が キラキラ

林の 中を
サッと 風《かぜ》が ふきぬけて
②水《すい》てきが パラパラ

③首《くび》を ちぢめて
みんなで
キャッキャッ
走《はし》って 通《とお》る

(1) ——線①・②は、それぞれ どの ようすを あらわして いますか。あとから えらび、きごうで こたえましょう。（30点）

① ア 日が さして いる ようす
イ 雨が かわいた ようす
ウ つよく 雨が ふる ようす
エ 水を はじく ようす
（　　）

② ア 水てきが きえる ようす
イ 水てきが おちる ようす
ウ 水てきが くっつく ようす
エ 水てきが かわく ようす
（　　）

(2) ——線③の ように するのは なぜか（　　）に ことばを 書きましょう。（20点）

水てきが（　　）に あたるから。

そうふくしゅうテスト❶

シール

じかん	ごうかく	とくてん
45ふん	70てん	てん

べんきょうした日　月　日

1 つぎの 文《ぶん》しょうを 読《よ》んで、あとの といに こたえましょう。

①サンゴは、石《いし》のように かたくて、とても 生《い》きものとは 思《おも》えませんが、じつは、小《ちい》さな イソギンチャクのような どうぶつが あつまって 生活《せいかつ》して いるのです。その 一《ひと》つ一つを、サンゴ虫《ちゅう》と 言《い》います。サンゴ虫は、うごきまわる ことは できません。あたたかくて、なみの しずかな 海《うみ》で、明《あか》るい 水面《すいめん》に むかって えだを のばして せいちょうします。その えだに かくれるように して、多《おお》くの 魚《さかな》たちが くらして います。

じつは、その サンゴ虫には、②こわい てきが います。大《おお》きさが 五十《ごじっ》センチメートルも ある、オニヒトデです。海《かい》がんで 見《み》られる イトマキヒトデや ヤッデヒトデなどと ちがって、長《なが》さが 五《ご》センチも ある とげが 生《は》えて います。とげには どくが あるので、③オニヒトデを 食《た》べようと する 魚は いません。ふつうの ヒトデの うでは 五本《ごほん》なのですが、オニヒトデの うでは 十五本《じゅうごほん》くらい あります。

サンゴの 上《うえ》に のった オニヒトデは、口《くち》から 自分《じぶん》の いを 出《だ》し、サンゴ虫を とかして 食べて しまいます。オニヒトデは 強《つよ》い はを もって いないので、石のような サンゴを かじる ことは できません。その かわり、口から いを 出すなんて……、すごい ＊アイディアです。

（武田正倫《たけだまさつね》「サンゴとカニ」）

＊アイディア＝よい 考《かんが》えの こと。

(1) ――線《せん》①について こたえましょう。

① 「サンゴ」は どのような ものですか。(10点)

（　　　）と 言われる、小《ちい》さな（　　　）のような ものが あつまった もの。

② 「サンゴ」は、どこで どのように せいちょうしますか。(10点)

（　　　）の（　　　）海で 水面に むかって（　　　）を のばして せいちょうする。

(2) ――線②について こたえましょう。

① 「こわい てき」の 名《な》まえを こたえましょう。(10点)

（　　　）

② 「こわい てき」は どうやって サンゴを 食べますか。(10点)

（　　　）から（　　　）を 出して、サンゴ虫を（　　　）食べる。

(3) ――線③の りゆうを こたえましょう。(10点)

（　　　）

2 つぎの 文《ぶん》しょうを 読《よ》んで、あとの といに こたえましょう。

「まあ、すてきな ①船《ふね》。だれに もらったの。」

かあさんかばが、②目《め》を ぱちくりさせて ききました。

「ぼく、夕《ゆう》べ ねる 前《まえ》に、お星《ほし》さまに 赤《あか》い 船が ほしいって、おねがいしたんだ。」

「それで？」

「さっき、小川《おがわ》の ほとりを 歩《ある》きながら、早《はや》く ねがいごとが かなうと いいなって 思《おも》ったの。そしたら、ほんとうに この 船が、目の 前に ながれて きたんだ。」

「なるほど。」

「だから、これ、ぼくの ねがいごとの 船なんだよ。こんばん、 ③ に おれいを 言《い》わなくちゃ。」


かばの 子《こ》は、 ④ しながら 言いました。

「それは よかったわねえ。母《かあ》さんにも、よく 見《み》せて ちょうだい。」

「うん、いいよ。」

かばの 子は、母さんかばの てのひらに、おもちゃの 船を おきました。

「とても よく できて いるわねえ。」

「ぼく、 ⑤ 。」

「おや、そこの 方《ほう》に、⑥何《なに》か 書《か》いて あるわ。」

「もしかしたら、お星さまの 名《な》まえだよ。」

「いいえ、きつね こんすけって 書いて あるわ。」

「きつね こんすけ？」

「どうやら この 船は、その きつねの 子の ものらしいわね。」


（森山《もりやま》 京《みやこ》「ねがいごとの 赤《あか》い ふね」）

(1) ――線《せん》①を かばの 子は どんな ときに 手《て》に 入《い》れたのか こたえましょう。(10点)

(　　　　)

(2) ――線②は 母さんかばの どんな 気《き》もちを あらわしているか、つぎから えらび、きごうで こたえましょう。(5点)

ア おどろき　イ かなしみ
ウ いかり　エ ふあん

(　　)

(3) ③ に あてはまる ことばを、文《ぶん》しょうの 中《なか》から 書きぬきましょう。(10点)

(　　　　)

(4) ④ に あてはまる ことばを、つぎから えらび、きごうで こたえましょう。(5点)

ア ぼんやり　イ にこにこ
ウ そわそわ　エ ふわふわ

(　　)

(5) ⑤ に あてはまる ことばを、つぎから えらび、きごうで こたえましょう。(10点)

ア もっと 大《おお》きいのが いいよ
イ そうは 思わないよ
ウ こんなのが ほしかったんだ
エ きっと 手に 入れるよ

(　　)

(6) ――線⑥は なんと 書いてありましたか。(10点)

(　　　　)

そうふくしゅうテスト❷

シール

じかん 35ふん
ごうかく 70てん
とくてん てん

べんきょうした日 月 日

1 つぎの 文《ぶん》しょうを 読《よ》んで、あとの といに こたえましょう。

おねえちゃんと 弟《おとうと》の 二ひきの きつねは、ぜんさんの 前《まえ》では 人間《にんげん》の すがたに ばけて、きつねで ある ことを かくしていました。

「なあ、おまえさんたち、そんなに いっしょうけんめい ①何《なに》を して いるんだい？」

とたんに、弟ぎつねが、ぴょこんと とびあがり、［ ② ］さけびました。

「あーっ、貝売《かいう》りの おじいちゃん。おねえちゃん、ぼくたち、きつねの ままだよ！」

おねえちゃんぎつねも、

「うわーっ、たいへん。早《はや》く、人間の すがたに ならなくっちゃ！」

小《ちい》さな 手《て》で 顔《かお》を かくしたり、おしりの しっぽを おさえたり、その あわてようと いったら ありません。

「ははは、心《しん》ぱいない、心ぱいない。③ふたりの ことは、ずっと 前《まえ》から 知《し》って いるんだよ。そのままの すがたで いいんだよ」

ぜんさんは 日《ひ》やけした 顔に、人《ひと》の よさそうな わらいを、うかべて 言《い》いました。

「なぁーんだ、おじいちゃん。わたしたちの ひみつ、知ってたの……」

「わーい、このままの 方《ほう》が、ずっとずっと らくちんだーい」

二《に》ひきは びっくりしたり、よろこんだり。そして、

「ねえ、おじいちゃん。わたしたち、はた

けを　作《つく》ったのよ」

「あさり貝《がい》を、うえたんだ！」

と、とくいそうに　教《おし》えて　くれました。

「④かいを　うえたって……。どう　いう
ことだい？」

ぜんさんが、目《め》を　ぱちくりさせて　きくと、

「ぼくたち、あさり貝が、大《だい》すきなんだ」

「それで、たくさん　食《た》べられるように、
貝を　うえたの」

「今《いま》に、めが　出《で》て……」

「どんどんどん　大《おお》きく　なって……」

「たくさんの、あさり貝が　なるんだ！」

子《こ》ぎつねたちは、じしん　たっぷり、は
なを　ひくひくさせて　いいます。

「⑤うーん、貝を　ねえ……」

貝は、海《うみ》や　川《かわ》で　とれる　ものです。

花《はな》や　草《くさ》と　ちがって、土《つち》に　うえても
めは　出ません。


（小林《こばやし》しげる「子《こ》ぎつねのおくりもの」〈国土社刊〉）

---

(1) ――線《せん》①と　ありますが、子ぎつねたちは　何《なに》を　して　いたのか、こたえましょう。（15点）

（　　　　）

(2) ② に　あてはまる　ことばを、つぎから　えらび、きごうで　こたえましょう。（10点）

ア よろこんで　イ 大あわてで
ウ かなしそうに　エ いそいで

（　　）

(3) ――線③について　こたえましょう。

① 「しって　いた」と　ありますが、どんな　ことを　しって　いたのか、こたえましょう。（20点）

（　　　　）

②このときの ぜんさんの 気《き》もちを つぎから えらび、きごうで こたえましょう。（15点）

ア あわてて いる 子ぎつねたちを ばかに して いる。

イ ふたりの ひみつを しって いるので とくいに なって いる。

ウ びっくりして いる 子ぎつねを あんしんさせようと して いる。

エ ひみつを しって しまい、もうしわけなく 思《おも》って いる。

（　　）

(4) ——線④の ぜんさんの 気もちを こたえましょう。（20点）

（　　）

(5) ——線⑤の ときの ぜんさんの 気もちを つぎから 二《ふた》つ えらび、きごうで こたえましょう。（20点）

ア 早《はや》く かいの めが 出て、たくさん そだつと いいな。

イ かいの めが でるはずは ない。

ウ 子ぎつねの お話《はなし》は たのしいな。

エ 本当《ほんとう》の ことを 言《い》えば、子ぎつねが がっかりして しまう。

オ 子ぎつねは、自分《じぶん》を からかって いるのでは ないだろうか。

（　　）（　　）

ひっぱると，はずして使えます。

小1

標準問題集

国語 読解力

こたえ

小学1年

こたえ

国語 読解力／標準問題集

1 ことばの いみ

● 2・3ページ（ステップ1）

❶ ①ア ②ウ ③ア ④エ
⑤ウ ⑥ア

考え方 ①「あかるい」は、さまざまな意味を表す「多義語」です。文全体の内容から、ふさわしい意味を選べるようにします。②「りゆう」は、「わけ」と同じ意味を表します。選んだ言葉をあてはめて確認します。④「ふまん」の反対語は、「まんぞく」です。

❷ ①イ ②ア ③オ ④エ
⑤ウ

❸ ①ウ ②イ ③ア ④オ
⑤エ

考え方 ❷すべて、心情を表す言葉です。物語文の読み取りでは重要な言葉なので、繰り返し学習して身につけます。①緊張したときの胸の高鳴りを表現しています。②これから起こることに期待する気もちを表します。③残念な気もちを表す表現です。④「ほっと胸をなでおろす」のように使い、安心する様子を表します。⑤おどろく様子を表します。❸ア「たっぷり」は、量がたくさんである様子を表します。イ「じっくり」は、時間をかけて十分に行う様子を表します。ウ「ゆっくり」は、速度が遅い様子を表します。エ「ひょっこり」は、思いがけずに物事が起こる様子を表します。オ「すっかり」は、きれいさっぱりなくなる様子を表します。

ここに注意 ❸それぞれの言葉がかかっている言葉の意味を理解して、どの言葉が同じ意味か考え、言葉を選びます。

● 4・5ページ（ステップ2）

1 (1)ウ
(2)ア
(3)ウ

考え方 (1)心情や性格を読み取る際に重要な言葉です。(2)似た意味の言葉をおぼえることで、言葉の知識が増えていきます。また、解答する際は、選んだ言葉を本文に当てはめて確かめるようにします。(3)「そろえて」は、ひとつにまとめる、整っている様子を表します。目に見えない声を「そろえる」のはどんな場面か、考えて解答します。

2 (1)イ
(2)②(例)すぐ ちかくまで せまって きて いる こと。
③(例)とても りょうが おおい こと。
(3)イ

考え方 (1)「みわたすかぎり」という形でよく使われる表現です。「みわたす」は、「みる」と「わたす」の二つの動詞からできている言葉です。(2)②「まぢか」は、時間や距離がすぐ近くまで迫っている様子を表します。③「たっぷり」は、量や時間などが十分である様子を表します。(3)直前のおばあさんの言葉から、あわてる様子を読み取り、ふさわしい言葉を選びます。

ここに注意 (2)様子を表す言葉です。その言葉によって、それぞれの場面がより具体的にわかりやすくなっていることに注意します。

2 ひょうげんを 読みとる

● 6・7ページ（ステップ1）

❶ ①ア ②ウ ③ア

❷ ①ア ②ア

考え方 ❶様子を表す擬声語と擬態語の問題です。どの言葉が、どのような様子を表すのか、用例と共に覚えておきます。①「ふわふわ」は、やわらかそうな様子を表します。同じ雲でも入道雲などは「もくもく」と表現することもあります。②「ぴかぴか」

は、単に光る様子だけではなく、新しいものであることを表現する場合があります。③「ぴよぴよ」は、「ふわふわ」や「ぴかぴか」と違い、実際に聞こえる音を表す「擬音語（擬声語）」です。音が出ないものは「擬態語」と言います。❷①「こそこそ」は、人目につかないように何かをする様子です。②「すらすら」は、よどみなくなめらかに物事が行われる様子です。

ここに注意 ❷意味を知っていれば答えやすい問題です。ふだんどんな時に使っている言葉か考えて答えるとよいでしょう。

❸ ①エ　②オ　③イ　④ア　⑤ウ

❹ ①ウ　②ウ　③ア　④ウ

考え方 ❸比喩表現の問題です。「～のように」「～みたいに」の後に続く言葉に注目して解答します。たとえるものと、たとえられるものの共通点に着目して考えます。①「白い」のが特徴であるものを選びます。**エ**「雪」か、**オ**「雲」が候補になります。②で、「ふわふわ」であるものの候補が、**オ**「雲」だけなので、①は**エ**が正解となります。③「大きい」という特徴を持った言葉は、**イ**の「山」です。④「赤い」という特徴を持っているのは、**ア**の「バラ」です。⑤「ぴかぴか」になるものは、**ウ**の「かがみ」しかありません。❹①「まめつぶ」が、どのような特徴を持っているか考えます。②「ぞう」は、大きなもののたとえとして用いられます。③「およぐ」のは水の中です。「魚」は泳ぎの名人のたとえとして用いられています。④かけがえのない「思い出」を「ほうせき」にたとえています。

● 8・9ページ（ステップ2）

❶ (1)イ
(2)エ
(3)(例)くるまの　はしる　ようす。
(4)(例)へんだ。
(5)ウ
(6)ウ

考え方 (1)はなみずがこおっている様子を表す言葉を選びます。「かちんかちん」が適切です。(2)「たっぷり」は、「たくさん」である様子を表します。それと同じ意味の言葉を選びます。(3)直前の「ゆきみちをはしりました」という内容と、あとにある「くるまから　おりました」という内容から、車で移動しているときの音を表していることが分かります。必ず、手がかりをもとに解答する習慣をつけます。(4)「おかしい」は、「調子がおかしい」「お話がおかしい」など、いろいろな意味を表す言葉です。前後の文脈から正しい意味を考えるようにします。(5)比喩表現では、たとえるものと、たとえられるものの共通点に着目します。「ちんこい　ゆきだまり」のことを、「ウサギみたい」と表現しているのです。「めじるしの　やま」をさがしているときに、見つかったのが、「ちんこい　ゆきだまり」だったのです。(6)「へなへな」は、気力や体力がなくなって、崩れ落ちそうになる様子を表す言葉です。

● 10・11ページ（ステップ3）

❶ (1)ア
(2)(ものすごく)ドジ・かっこう
(3)エ
(4)(例)人に　見せられないほど　かっこうが　わるい　こと。
(5)ア

考え方 (1)言葉の意味が分からなくても、前後の文脈から意味を予想できるようにします。ここでは、すぐあとに、「(きらくで)いい」とあることから、オオカミにとって、プラスの意味を表すことが読み取れます。(2)前の段落の内容を読み取って解答します。登場人物の性格などを説明している部分は、ていねいに読む習慣をつけることが大切です。(3)あわてているオオカミの様子を読み取り、適当な言葉を選びます。(4)「みられてしまった」とあることから、見られたくない様子であることが分かります。すぐあとに「かっこいー!!」「すげえ～!!」などとありますが、それに対してオオカミが

「え!?」と言っていることからも、かっこういい様子とは対照的な内容だと読み取れます。(5)みっともないところを見られたオオカミが、どんな様子でその場を立ち去ろうとするのかを考えます。

3　いつ どこで だれが 何を したか……

● 12・13ページ（ステップ1）

❶
(1)イ
(2)ウ
(3)ウ

考え方　(1)最初の「あおき先生」の言葉を手がかりに解答します。「うさぎがかりをきめようか」と話しています。(2)第二段落にある、「二がっきを　むかえた　つぎの日」という記述を手がかりにして解答します。(3)登場人物を整理し、発言や行動がだれのものか整理しながら読む習慣をつけます。「うさぎがかり、やりたい」と考えているのは誰かを考えます。

❷
(1)ア
(2)ぐんて
(3)おうち

考え方　(1)物語全体の場面をしっかり理解できるようにします。(2)「さかさまに　よんじゃった」という部分を手がかりに解答します。「て、ん、ぐ」と言った後、「さかさま」と言っているので、本当は「ぐんて」だったと分かります。(3)場面の変化は、時間的な変化、場所の変化、心情の変化など、いくつかの種類があります。ここでは、店を出て家に帰った部分で、場所や時間が変化しています。

ここに注意　一つ一つの文章の、主語・述語などを確認しながら読み取っていきます。解答の文字数が決まっている場合は文字数どおり、正確に記入するようにします。

● 14・15ページ（ステップ2）

1
(1)ウ
(2)だれも　とりに・おきっぱなし
(3)ア
(4)イ

考え方　(1)ばけつは「きつねの　こ」の物ではありません。「もし、だれも　とりにこなくて」などの表現から、バケツを拾った場面であることが読み取れます。(2)直前にある、「くまの　こ」の言葉を手がかりに解答します。(3)「きつねの　こ」は、「くまの　こ」や「うさぎの　こ」の言葉を聞いて、疑問に思ったことを質問しています。それに対する「くまの　こ」や「うさぎの　こ」の答えの内容にも注意して考えます。

ここに注意　それぞれのせりふが、きつね、くま、うさぎの誰が誰に話しているのか、しっかり読み取ります。

4　お話の すじを つかむ……

● 16・17ページ（ステップ1）

❶
(1)①ところが
　②一つ目　エ　二つ目　ウ
(2)ア

考え方　(1)場面の変化を読み取って、正しく分けられるようにします。一つ目のまとまりは、デンちゃんが保育園に通っていたころのお話で、二つ目のまとまりは、小学校に入ってからのお話がえがかれています。(2)ある出来事によって、どのような変化が起こったのかに注意して読み進めます。デンちゃんは、じてんしゃがじょうずに乗れるようになると、「もう、ほいくえんにいくのを　いやがる　ことも　なくなりました」とあります。それまでは、保育園に行きたがらない子だったことが読み取れます。

● 18・19ページ（ステップ2）

1
(1)さっそく
(2)①クー　②（おうさまの）けらい
(3)イ
(4)エ

考え方　(1)前半は、みんなでもりのおまつりで行う劇について相談する場面で、後半は、劇の練習をする場面です。中心としてえがかれているタックの立場に立って読み取ってみましょう。(2)タックは王様の役をやりたがりましたが、みんながクーをおすので、結局「けらい」の役に決まりました。それが気に入らず、いじわるを言っていたのです。(3)心情を表す擬態語を問う問題です。自分が王様になりたいのに、みんながクーをおすので、不満に思っている様子を表す言葉を選びます。直後にある「ふくれていいました」という部分を手がかりにします。(4)直後に、タックの本当の気持ちが説明されていることに注目します。

● 20・21ページ（ステップ3）

❶ (1)ひゅーこせんせい・ばけぐー・ばけちょき・ばけぱー（順不同）
(2)①おばけの
②一つ目（例）がっこう
二つ目（例）帰り道
(3)イ
(4)ア

考え方 (1)登場人物を整理して読み取れるように練習します。学校の場面では、「ひゅーこせんせい」が、帰り道の場面では、「ばけぐー」と「ばけちょき」と「ばけぱー」という名前が登場しています。(2)前半は「せんせい」や「しゅくだい」などの言葉から学校であることを読み取ります。後半は、「おばけの　森の　帰り道」という言葉を手がかりにします。(3)直前の「ひゅーこせんせい」の言葉から、心情を読み取ります。おばけでありながら、おばけをこわがるだらしない様子を見て、がっかりしているのです。(4)「ひゅーこせんせい」の「あなたたちは　それでも　おばけ？」という言葉を手がかりに解答します。

ここに注意 「ひゅーこ先生」を中心にお話が進んでいます。ほかの人物とのやりとりや言葉を意識しながら読みます。

5 わだいを　読みとる

● 22・23ページ（ステップ1）

❶ (1)エ
(2)ウ→エ→ア→イ
(3)森の　木

考え方 (1)前半では、「かみ」についての説明がされていますが、これは「さいせいし」が必要となった理由を述べているのです。中心となっている話題は、「さいせいし」です。(2)第一段落の内容を整理します。「紙の　もとは、森の　木です」とあり、「木から　つくった　紙パルプを　ざいりょうに　……紙を　作りだします」という流れをおさえます。その「紙」を「もう　いちど　きれいに　して　使いなおそう」としたのが「さいせいし」です。(3)理由を表す「……ため」という表現に注目しましょう。

❷ (1)もうどう犬
(2)目の　ふじゆうな・目
(3)したしみ・しんらい

考え方 (1)犬という言葉が何度も出てきます。その中でも、どのような犬の話をしているのか、読み取って解答します。(2)もうどう犬のはたらきは、第一段落にまとめられています。「目の　ふじゆうな　人の　目のかわりに　なって、みちあんない」をするのが、もうどう犬です。(3)すぐあとに、どのような犬になるかが説明されています。

ここに注意 何について説明されている文章か、段落ごと、あるいは文章全体を、意識しながら読むようにします。

● 24・25ページ（ステップ2）

❶ (1)すみれ
(2)むらさきいろ
(3)みつ・すう
(4)日当たり・たね
(5)ウ→ア→エ→イ

考え方 (1)文章中に何度も出てくる言葉に注目すると、中心となる話題を正しくとらえやすくなります。(2)すみれについての知識を問う問題ではありません。文中の手がかりにそって解答します。第一段落に、「む

らさき色の　花は　すみれだよ」とあります。(3)文章全体の内容を読み取って解答します。直後に「頭を　花の中に　つっこんで、長い　口を　花の　おくに　のばして　いる」とありますが、これは、はちがすみれの花にとまった目的ではありません。(4)本文の最後の一文で、その目的が説明されています。(5)本文の内容から、すみれの成長は、「花」、「実」、「種」の順番であることが分かります。虫たちがとんでくるのは、すみれが花を咲かせたあとです。

6　せつめいの　じゅんじょを　考える ……

● 26・27ページ（ステップ1）

1 (1)エ→イ→ウ→ア
(2)ア・エ（順不同）
(3)お父さん　イ
　お母さん　ア

考え方 (1)形式段落の一段落目が一つ目のまとまり、第二～三段落が二つ目のまとまり、第四～五段落が三つ目のまとまり、第六～八段落が四つ目のまとまりです。それぞれの内容を整理して解答します。(2)第二段落に、「やねの　下の　かべに、どろや　かれた　草の　くきを　くっつけはじめた」とあります。(3)第五段落で「たまごを　あたためるのは、おもに　おかあさんの　やくめ。おとうさんは　……みはりを　して　いるよ」とあります。

● 28・29ページ（ステップ2）

1 (1)（古い）池・生きもの
(2)ヤゴ・水草・トンボ（アキアカネ）
(3)（例）体が　じゅうぶんに　かたまって　いないので　とべない。
(4)①こども　②きょねんの　あき
(5)エ

考え方 (1)「何の　どのような　ようすを」という設問文を手がかりにして考えます。(2)中心の話題は、ヤゴ（トンボ）です。この点に注意しながら読み取ります。(3)文章の最後の二つの文の内容を、まとめて解答します。(4)それぞれ、[1]のまとまりの内容を読み取って解答します。(5)「あわない　もの」という設問文の指示を見落とさないよう注意して解答します。

ここに注意 それぞれの文章のまとまりで書かれていることが、何についてか、どのように順を追って書かれているかが、ポイントであることに注意します。

● 30・31ページ（ステップ3）

1 (1)おおばこ
(2)イ→ウ→ア
(3)ア
(4)太ようの　光・かれて
(5)ねばって・ねばり

考え方 (1)文章中に何度も出てくる言葉に注目して考えます。(2)段落ごとの内容を整理し、大きなまとまりを読み取ります。第一・二段落では、おおばこがどんな場所にはえているのかを、第三・四段落では、おおばこがかたいじめんのところに生えている理由を、第五～七段落では、おおばこが人の行くところならどこにでもはえている理由が、それぞれ述べられています。(3)前後の内容をよく読んで解答します。「やわらかい土の　ところでは　～　そだちます。」とあり、そのあとでは「～　かれて　しまうのです。」とあります。直前の話の内容を受けて、それと反対のことを述べる時に使うことばを選びます。(4)第四段落の内容を読み取って解答します。せの高い草がはえると、「おおばこには、太ようの　光があたらなく　なり、かれて　しまうのです」とあります。(5)最後の段落の内容を読み取って解答します。

7　気もちを　考える ……

● 32・33ページ（ステップ1）

1 (1)ア
(2)ア

考え方 (1)会話文の内容から、そのときの心情を読み取ります。「なぜ　そんなに　手

を　高く　上げて　いるの」とあることから、理由が分からず、不思議に思う気持ちが読み取れます。(2)直前に起こった出来事に対してどのような気持ちになったかを考えます。また、直後に「ふしぎな　気がして」とある点からも、おどろいている気持ちが読み取れます。

2
(1)ア
(2)ウ
(3)エ

考え方　(1)明日までにとうふ百ちょうと、あぶらげ百まいを作るという「とても　むりな　話」を聞かされたおとうふやさんは、「パンチを　くらったみたい」になりました。これらを手がかりにして、おとうふやさんの心情を読み取ります。(2)(1)の心情が表れたおとうふやさんの様子を考えます。「目をぱちくりさせる」は、おどろきなどで、大きくまばたきする様子を表します。(3)直前の「おねがい……」といっしょうけんめいにたのむ様子と、直後で「うでを　組んで、考えこんで　しまいました」という様子から、おとうふやさんの心情を読み取ります。

● **34・35ページ（ステップ2）**

1
(1)ア
(2)①エ　②たんじょう会
(3)わたしも、なきたいよ。
(4)ウ

考え方　(1)時間の流れに注意して解答します。この時点では、マミちゃんは「たんじょう会」が延期になることを知りません。また、直後にある「ぴょんぴょん　はねながら」というマミちゃんの様子や、「ママ、ママね。マミちゃんも　でるよう。」という言葉から、その心情を読み取ります。(2)気もちの変化のきっかけとなる出来事を正しく読み取ります。直前に「たんじょう会は、あしたにのばしましょう、って」という言葉があります。これを聞いて、マミちゃんの心情が変化しているのです。(3)「なきたい」のように、気持ちがはっきり表れている文を探します。「文」とは、句点(。)の次から、句点までです。(4)なんとかマミちゃんを泣き止ませようとする気持ちを読み取ります。最後に、「いくら　せつめいしても　だめ。なきやみません」とあるように、マミちゃんをなっとくさせて、泣き止ませようとしているのです。

ここに注意　気持ちをそのまま表わしている言葉はもちろんですが、擬声語、擬態語などから気持ちを読み取ることを意識しながら読みます。

8　せいかくを　とらえる

● **36・37ページ（ステップ1）**

1
(1)①イ・エ（順不同）
②ア

考え方　性格を表す言葉と、気もちを表す言葉の違いについて整理しましょう。気持ちが、その人の内面で感じていることであるのに対して、性格は、その人を他の人がどのように見るのかという客観的なものです。例えば、困っている人を見て、「しんぱいする」のは、その人の気もちです。それに対し、「しんぱいしている」その人の様子を見て、他の人が、「やさしい人」と考えるのは、その人の性格です。そのようなちがいを確認して、登場人物の性格を正しく読み取れるようにします。(1)ゾウのテンボは、なかまたちにうそばかりついて困らせています。そうした行動を客観的にみると、いたずら好きで、うそつきな性格のゾウと判断できるのです。

● **38・39ページ（ステップ2）**

1
(1)ア
(2)・(例)おばけを　こわがるから。
・(例)はいしゃで　ないたから。
(3)ウ
(4)イ

考え方　(1)・(2)みさきちゃんと自分を比較し

て、自分をどのような性格だと思っているか読み取ります。みさきちゃんは、おばけをこわがらず、歯医者さんでもなかないと述べている点に注目します。何もこわがらないみさきちゃんに対して、こわがってばかりいる自分を「よわむし」と考えているのです。(3)歯医者で泣かないみさきちゃんに比べ、自分はだらしないよわむしだと思っていましたが、自分と同じように泣いたのだと知り、身近に感じているのです。(4)よわむしの自分と対照的な、勇気のある性格の子だと考えていました。

● 40・41ページ（ステップ3）

❶ (1)イ
(2)なきそう
(3)①(例)ちょっと　気が　弱い　子。
　②(例)いつも　にこにこして　やさしい　人。
(4)やくそく・せきにんかんが　つよい
（まじめな、なども正解）

考え方　(1)「口が　への字」になったきっかけは、ゆいが「わかったってば」と、「おこったみたいに」言ったことです。また、このとき、まきのくんが、「なきそう」な表情であることから、その心情を読み取ります。
(2)「……な　かおの　まま」とありますから、それ以前の表情と同じであったことが分かります。これより前の部分で、まきのくんの表情について述べられているのは、「口が、への字に　なった」と、「なきそう」という部分だけです。四字と指示があるので、「なきそう」が入ります。(3)まきのくんのママの言葉の中から、手がかりを探します。「うちの　ヒロくん、ちょっと　気が　弱いでしょう」と、性格を表す言葉があるので、これを参考に解答します。(4)まきのくんの家に行きたくなくなったゆいですが、ママとの「やくそく」を守ろうと、まきのくんの家に行くことにしています。こうした様子から、責任感の強い、まじめな性格であることを読み取って解答します。

ここに注意　登場人物同士の会話から、それぞれの性格や個性などが読み取れるものです。どのようなことを考えながら出た言葉かといったことも、注意して読み取ります。

9　りゆうを　考える

● 42・43ページ（ステップ1）

❶ (1)イ
(2)(しろい)ベンチ・雨の　音

考え方　(1)この言葉のあと、二人が「小鳥が　とんで　いく　方へ」歩いていることに注目して解答します。(2)直前の「白い　ベンチが　ありました」と、直後の「かさに　おちる　雨の　音が　きえました」という内容を手がかりに解答します。

❷ (1)けっかん
(2)空気・かたまる
(3)ち・ばいきん

考え方　(1)血が出るしくみは、第二段落で説明されています。「わたしたちの　ひふの下には、こまかい　けっかんが　たくさん」あり、けがをすると、「けっかんが　やぶけて、ちが　そとに　でる」のです。(2)直後の一文の文末に「……からです」と、理由を表す表現があることに注目します。血が空気にふれてかたまる性質があり、かたまった血が、かさぶたなのです。(3)直前にある「たいせつな　はたらき」の内容を読み取って解答します。また、かさぶたの役割と、ばんそうこうの役割の共通点について考えることも大切です。

● 44・45ページ（ステップ2）

❶ (1)いろはにほへと
(2)イ
(3)①(例)まがりかどで　何かに　ぶつかったから。
　②ぶつかった　あいては　馬だったから。
(4)(例)馬に　あやまって　しまったこ

とが　くやしかったから。

考え方　⑴「前を　見て　歩け」というさむらいに対して、かっちゃんが何と言っているかに注目します。「だって、いろはにほへとを　おぼえてた　とこなんだよう。いっしょうけんめい、おぼえながら　あるいて　いたんだい」と言っていることから考えます。⑵直後でさむらいが「かわいいもんだ」と言っている点に着目します。ぶつかられて怒っていたさむらいですが、かっちゃんの言い訳を聞いて、「ひょうしぬけした」のです。「ひょうしぬけする」という言葉の意味も確かめておきましょう。⑶物語のあらすじを読み取って考えます。いろはにほへとのことを考えながら歩いていると、何かにぶつかり、さむらいはおわびのために頭を下げました。ところが、ぶつかった相手は馬だったため、なにも言わなかったのです。⑷⑶で見たように、馬に対して謝ったことが悔しくて、したうちをしたのです。理由を解答する際は、文末を「……から」や「……ので」、「……ため」などとします。

ここに注意　理由を探すときは、その直前や直後に書かれていることが多いので、意識して読み取るようにします。

10　作しゃの　考えを　読みとる ……

● 46・47ページ（ステップ1）

❶ ⑴エ
⑵ウ
⑶イ

考え方　⑴第一・二段落の内容を手がかりにします。トチの実には虫が食っているのもまじっているため、その虫を殺すために水につけると書かれています。⑵直前に「トチの　みの　にがみを　とる」と説明されています。手がかりをていねいに探して解答します。⑶作者は、トチもちについて「とても　おいしい　もち」と述べ、「カビも生えにくくて、長もちします」と述べています。ア「とても　たいへんな　しごとだった」とは作者は述べていません。トチもちを作る過程は大変そうですが、それは作者の考えではありません。あくまでも、文章の手がかりをもとに判断します。ウ「今では　あまり　食べられなく　なった」という内容は本文中にありません。エ「お正月の　時だけだ」とありますが、お盆にも食べられることが説明されています。

● 48・49ページ（ステップ2）

❶ ⑴(例)つめたい　ものを　のんだり　食べたり　するため。
⑵・(例)雪や　こおりで　のみものを　ひやす。
・(例)雪や　こおりに　くだものの　しるや　あまい　のみものを　かけて　食べる。
⑶エ
⑷イ

考え方　⑴「その　ため」に思いついたのは「雪や　こおりを　つかう　こと」でした。何をするために雪や氷を使ったのかと考えます。「何のため」と問われているので、文末は「……ため」とします。⑵次の段落で、「……たり、……たり」と並べて説明されています。⑶この文章では、昔の人が雪や氷を使って冷たいものを飲んだり食べたりするのが大変であったことを説明しています。空欄のあとに「……じゃないなんて　おもっては　いけません」とあることから、「たいへん」が入ります。

● 50・51ページ（ステップ3）

❶ ⑴(例)せかい一　大きくて　かたいたまご。
⑵(例)たまごは、肉を　食べる　どうぶつに　とって　えいようまんてんの　食べものだから。
⑶(例)夜は　てきが　おおいから。
⑷(例)たまごが　あつくなりすぎないように、太ようの　光を　さえぎる

ため。

(5)ア

考え方 (1)第一段落に、だちょうのたまごがどのようなものか、説明されています。だちょうのたまごは、「せかい一　大きな　かたい　たまご」なのです。(2)すぐ前に、「だから」とある点に注意します。この前に、理由が書かれていることを読み取って、解答します。「たまごは、肉を　食べる　どうぶつたちに　とっては　えいようまんてんの　食べもの」なので、色々な動物がたまごをねらってやってくるのです。(3)すぐあとに、「……からです」と、理由を表す表現が使われています。夜の方が、たまごをねらってくるてきが多いので、より強いお父さんがたまごを守るのです。(4)同じ段落の中で、その理由が説明されています。ふつう、鳥はたまごを温めますが、熱い地域で暮らすだちょうは、たまごが熱くなりすぎないよう、太陽の光を遮っているのです。(5)**イ**「空を　とんで　にげる」とは書かれていません。**ウ**「自分の　うんだ　たまごだけ」が誤りです。なかまのめすのうんだたまごの世話をしています。**エ**「えいようまんてんの　たべもの」とありますが、味については述べられていません。

ここに注意 筆者の考えていること(意見)は、最初や最後の段落に書かれていることが多いので、注意して読みます。

11 ものがたりを 読む (1)

● 52・53ページ（ステップ1）

❶ (1)イ

(2)イ

考え方 (1)「たまらない」は、プラスの意味もマイナスの意味も表します。前後の文脈から、ここでの意味を読み取ります。「きのう　三げんも　くつやさんを　まわって、ようやく　見つけた　お気に入りの　スニーカー」をとられたときの気持ちを読み取ります。(2)行動の理由を問う問題です。ショウが「きこえない　ふり」をしている様子から、何とかこの場をのがれようという気持ちが読み取れます。

❷ (1)ア

(2)ウ

(3)エ

考え方 (1)直前の「あー、よかった。」という言葉や、直前にある「ほっと」という言葉、また、「ここへ　たどりつくまで、ほんとに　気が気じゃ　なかったよ」という言葉を手がかりにします。「おそろしい手紙」をもらったガヤガヤは、ムッツリの家に来るまで不安に思っていましたが、無事にたどりつくことができて安心しているのです。(2)ムッツリは、「ぜったいに　やって　くるはずの　ない」ガヤガヤが家にやってきたので、驚いているのです。(3)(2)の心情をもとに、ガヤガヤを見上げる様子としてふさわしいものを選びます。**ア**「じろじろ」は、遠慮なく何かを見る様子、**イ**「こっそり」は、見つからないように隠れて見る様子、**ウ**「びくびく」は、おびえる様子を表します。それぞれの言葉が表す様子を確認しておきます。

● 54・55ページ（ステップ2）

❶ (1)エ

(2)(例)たすけて　くれたのが、おにの子だと　しって、びっくりする　気もち。

(3)(例)ふくを　きているし、てつのぼうも　もって　いないから。

(4)①(例)大きい　女の子の　あたまに、小さい　つのが　あったから。

②(例)目の　まえに　いるのが　おにの子だと　わかり、こわくなった。

(5)(例)人を　たすけたり　しない、こわい　生きもの。

考え方 (1)直前に「ああ、よかった！　ありがとう」とあります。これは、直後にあるように「たすけて　くれた」ことに対する感謝の言葉です。危ないところを助けてもらい、無事だったことで安心しているのです。ア「ぎょっと」は急に思いがけないことが起こり驚く様子。イ「ぎくっと」は、急な出来事が起こったり、弱点をつかれたりして驚く様子。ウ「そわそわ」は、気持ちや様子が落ち着かない様子を表す言葉です。(2)心情を説明するときは、気持ちの変化のきっかけとなった出来事と、それによって生じた気持ちを表す言葉を用いて解答します。ここでは、きっかけとなった出来事は、大きい女の子が「おにの子よ」と言ったことです。それにより、直前にあるように、ひでやは「びっくり」したのです。(3)ひでやは、おにをどのようなものと考えていたのか、直前の段落を手がかりに読み取ります。「おにの子なら、はだかで……こわーい はず」なのに、この子たちは「ふくを きて いるし、てつの ぼう」も持っていないので、おにの子であるはずがないと思ったのです。理由を問われている問題では、「……から(ため)。」というまとめ方をします。(4)このようにひでやが思ったきっかけは、大きな女の子のあたまに、小さいつのがあるのを見たことです。その結果、ひでやは自分を助けてくれたのが、ほんとうのおにの子だと思い、こわくなってしまったのです。

ここに注意 物語文では、人物の言葉や会話、その前後に場面やすじを表わす表現が多いものです。そのことを意識して、読み取ります。

12 ものがたりを 読む (2)

● 56・57ページ (ステップ1)

❶ (1)エ
(2)イ
(3)ア
(4)イ
(5)イ

考え方 (1)「北風」が、みんなからあまり好かれていないことが、本文から読み取れます。ア「あたたかい 風」や、ウ「すずしい 風」は、好まれる風なので、ふさわしくありません。また、「いそいで まどや戸を しめました」や、「木々は みぶるいを して」などとあることから、つめたい風であることが分かります。(2)直後に「でも、北風も りっぱな 風だからね」とあることから、北風と南風は、まったくちがった性質をもった風であることが読み取れます。(1)で見たように、北風は、みんなに好かれていません。南風は、にんげんやどうぶつから好かれているということも分かります。(3)これまで見てきたように、にんげんやどうぶつが、北風をきらいます。それにふさわしい言葉を選びます。(4)空欄の直後に、「……と、たのみました」とあります。つまり、空欄に入る言葉は、おねがいする内容でなければなりません。それにあてはまるのは、イ「どうか ちかよらないで」だけです。

● 58・59ページ (ステップ2)

1 (1)とらねこ・じゃんけん
(2)(例)いきなり 目が 回って おどろく 気もち。
(3)ウ
(4)(例)たっちゃんが、体の ちいさい ねこに なって しまったから。
(5)ア
(6)(例)ねこに なって おどろいて いる たっちゃんの ようす。

考え方 (1)物語全体から、あらすじを読み取って解答します。あとの部分で、とらねこが「おれと じゃんけんして かったから……」と言っている部分に注目します。(2)きっかけとなる出来事と、それによって生じた心情をまとめます。きっかけは、直前にある「いきなり めが まわりました」という部分です。思いがけず、めがまわったため、驚いているのです。そのほか、不安になっている、とまどっている、などの心情でも正解です。(3)からだがちぢむ様子を表す擬態語を考えます。ア「びりびり」、イ「ふわふわ」、エ「きらきら」は、それぞれ、からだがちぢんでいく様子を表すことはできません。(4)③で見たように、たっちゃんの体は、どんどん小さくちぢんでしまいました。そのため、とらねこの体が大きく見えるようになってしまったのです。(5)最後のとらねこの発言に着目します。「ぐずぐずしてると、おまえは　人間にもどっちゃう」とあるように、ねこに変わるのは一時的なものだと分かっているので、とらねこは、「しんぱいしなくても　いいのさ」と言っているのです。(6)直前に「ぼ、ぼ、ぼくが、ね、ね、ね、ねこだ！」とあるように、ねこになってしまった、たっちゃんは混乱しています。その様子を見て、とらねこは「おもしろそう」に言っているのです。

ここに注意 **1** (2)「あら　あら　あら」と同じ言葉が繰り返されていることにも注目します。このときのたっちゃんの気持ちを強調していることに気づくようにします。

13　ものがたりを　読む　(3) ……

● **60・61ページ（ステップ1）**

1
(1)イ
(2)ア
(3)ウ
(4)④エ　⑤イ

考え方 (1)「ぶつかったのは、でんぐりがえしを　した　けんちゃん」だったにもかかわらず、けんちゃんは「ゆっこちゃんがぶつかったあ」と言っています。このようなけんちゃんの様子から、「じぶんかってな　子」だと読み取ることができます。(2)(1)で見たようなけんちゃんの態度を見て、二人はどのような気持ちになったか考えます。二人が帰ってしまったことも、読み取りの手がかりとなります。(3)「ひゃあ！」と言ったきっかけは、「小さい　小さい　ちびおに」がいるのを見たことです。相手が「おに」なので、エを選びたくなりますが、その後、ちびおにの様子を観察するけんちゃんの様子から、「こわい」という心情は読み取れません。(4)④は、ちびおにの様子を表す言葉です。直前に「まるっこい」とあることから、エの「ころころ」があてはまります。⑤は、けんちゃんが笑う様子なので、イの「くすくす」が入ります。アの「ふわふわ」は、軽いものが浮いたり揺れ動いたりする様子、柔らかく膨らんでいる様子、気持ちが落ち着かない様子などを表します。ウ「ぎしぎし」は、固いものどうしがこすれ合う音や、すきまなく詰まっている様子などを表す言葉です。

● **62・63ページ（ステップ2）**

1
(1)(例)かたっぽうの　足が　とれている、おもちゃの　ロボット。
(2)(例)ロボットが　自分の　なまえを　いいあてたから。
(3)びっくり
(4)イ
(5)(例)ロボットに　されて　しまうのは　いやだと　いう　気もち。
(6)(例)ロボットが　あめを　たべて、新しい　足を　作る　ようす。

考え方 (1)第一段落の内容を手がかりにまとめます。「かたっぽうの　足が　とれている、おもちゃの　ロボットを　ひろいました」とあります。「どんなもの」と問われているので、文末は「……ロボット」「……もの」などのように名詞で結びます。(2)びっくりしたきっかけは、直前のロボットの言葉です。ひろったばかりのおもちゃのロボットが、自分の名前を言い当てたので、びっくりしてしまったのです。(3)直前にある「もっと　もっと」という表現に着目します。さっきよりも「もっと」と言っているのですから、それまでの気持ちを表す言葉を探して書きぬきます。(4)すぐあとで、ロボットが「たいちょうの　いう　ことを　きかないと……」と、述べています。つまり、この時点で、ロボットはたっちゃんの「たいちょう」であることを告げているのです。(5)直前に「ロボットに　されて

は　たいへんです」とあります。これは、ロボットに「この　ライトで　うって、ロボットに　して　しまうぞ」と言われたことで、たっちゃんが考えたことです。そのため、素直にコーラあめをさしだしたのです。(6)すぐあとに、「ほんと」であったことが具体的に説明されています。

● 64・65ページ（ステップ3）

❶(1)①アリス（さん）
②(例)日ようびの　午後二時に　ひろばの　ホールの　コーラスの　あつまりに　きてほしいと　いう　こと。
③(例)森の　北がわで、やさいや　花を　作って　のんびり　くらして　いる。
(2)イ
(3)しんぱい
(4)(例)ウサロさんを　しんぱいする、やさしい　せいかく。

考え方　(1)①物語の登場人物を整理して解答します。ここは、モンクとアリスが話している場面です。②「あさって、つまり、日ようび……」というアリスの言葉から、ことづての内容を読み取って解答します。(2)「こういう　たのまれごと」がどの程度の頻度で行われているのかを表す言葉です。アリスにお願いされて、すぐさま「いいですとも」と答えていることから、しょっちゅう頼まれていることが読み取れます。イ「ちょいちょい」が正解です。ア「いそいそ」は、うれしそうな様子、ウ「うきうき」は楽しそうな様子や楽しみにする様子、エ「どきどき」は、緊張する様子や心配する様子などを表します。(3)アリスは、とじこもってばかりのウサロさんについて「からだにも　よくないと　おもうんだけどねえ」と言いながら、ためいきをついています。そこから、ウサロさんのことを心配する様子が読み取れます。(4)③のようにウサロさんを思いやるアリスの様子から、やさしい性格を読み取ることができます。

ここに注意　人物の言葉には、気持ちが表れていることが多いですが、強がったり無理したりしてつい口にした言葉など、本当の気持ちと裏腹な言葉もあります。人物の気持ちは、言葉そのものだけでなく、そう言った経緯や背景なども考えながら読み取るようにします。

14 せつめい文を　読む(1)

● 66・67ページ（ステップ1）

❶(1)エ
(2)じめん・空
(3)ひこうき

考え方　第一段落は、「電車と　ひこうき」の共通点、第二～三段落は、「電車と　ひこうき」のちがいについて説明されています。文章全体の、構成を読み取って解答します。(1)ア、二つの速さを比べて、飛行機のほうが速いとは述べていますが、両方速いとは述べられていません。文中の手がかりに沿って解答するようにします。イ、電車は空港に着陸しません。ウ、飛行機は地面を走りません。(2)直前に「ですから」とあることに注目します。これは、その直前に、理由が述べられていることを意味します。(3)最後の一文に「はやいのは　ひこうきの　方です」と述べられています。

❷(1)イ
(2)ア

考え方　(1)直前に「首を　のばして」と書かれています。(2)直前に「らんぼうに　あつかうと、こわがって……」と述べられています。

ここに注意　説明文では、とくに一度読んだ記憶だけに頼って解答しないように注意します。答えは分かっていても、必ず本文の内容を確認し、手がかりを見つけた上で正確に解答する習慣をつけることが大切です。

● 68・69ページ（ステップ2）

1 (1)ウ→ア→イ

(2)ウ
(3)(例)じぶんの　入って　いた　たまごの　から。

考え方　(1)第一段落の内容を手がかりに解答します。「チョウの　なか間は、どれも、たまごから　よう虫、さなぎと　すがたを　かえながら　せい長して　いきます」とあります。必ず、本文の内容を確認しながら解答できるようにします。(2)第一段落に、産みつけられてからたまごがかえるまでの時間が、「一週間ほどで　かえって　よう虫と　なります」と説明されています。(3)設問文にある「さいしょに」という言葉を見落とさないように注意します。「よう虫は、さいしょに　じぶんの　入って　いた　たまごの　からを　食べ」とあります。

2
(1)ニワトリ・ダチョウ・ハト・サギ・スズメ(順不同)
(2)②左右・かわりばんこ
③りょうあし・はねて

考え方　(1)まず、何について「ほかに　どんな　ものが　いるか」と述べているのか読み取ります。前の部分で、「二本あしで　歩くのは　ヒトだけでしょうか？」と述べているので、ヒト以外で、二本あしで歩く生き物であることが分かります。第二段落に、具体的な生き物について説明しているので、そこから、正しく書き抜きます。注意点は、「(空とぶ)　トリたち」と答えないことです。「(空とぶ)　トリたち」は、ハト、サギ、スズメなど、具体的なトリの種類をまとめて表現する言葉です。これを、具体的なトリの種類を表す言葉と並列に挙げることはできません。(2)傍線部の後の部分に、それぞれのトリの歩き方が説明されています。②「左右の　あしを　かわりばんこに　前へ　だして　歩きます」と述べています。③「小鳥たちは、りょうあしを　そろえて、ぴょんぴょん　はねて　前しんします」と述べています。この部分から、それぞれふさわしい言葉を見つけて、解答します。

15　せつめい文を　読む(2)

● 70・71ページ（ステップ1）

1
(1)イ→エ→ウ→ア
(2)雪と　こおり・さむい
(3)エ
(4)ウ

考え方　(1)「きょうりゅうが　ほろぶと」「はじめは　ねずみのような　小さな　けもの」があらわれ、それが「だんだん　大きく　なりました」。大きくなったものが「馬の　先ぞ」や「さいの　先ぞ」です。やがて、「ちきゅうの　上が、さむく　なって」くると、マンモスぞうがあらわれたと述べられています。こうした、手がかりを一つずつ確認しながら解答します。(2)指示語が指す内容は、指示語より前にある場合がほとんどです。まず、傍線部を含む一文を読み、「どんなところにぞうがいたのか」と考えた上で、答えとなる内容を探します。(3)直後に「おさるかな」とありますが、さらに「いいえ、ちがいます」と述べられ、さらに、「大むかしの　人間の　先ぞです」と説明しています。(4)設問文の「まちがっている　もの」という指示を見落とさないように注意します。アは、(3)で見たように、人間の先ぞが食べていました。イは、「さるのように、きものを　きて　いません」と書かれています。エは「どうぶつを　たおし、みんなで　食べました」とあるので、正しい内容です。ウ「さると　くらして　いた」とは、本文に書かれていません。

ここに注意　説明文では、指示語が指す内容を答える問題が多く出題されます。答えは、指示語よりも前にある場合がほとんどなので、それを手がかりに読み取っていきます。

● 72・73ページ（ステップ2）

1
(1)①ひきしお・海の　水　②ウ
(2)イ
(3)ウ
(4)体・貝がら

考え方 (1)①第一段落で「しおだまり」が、ひきしおのときに海岸でできる、「岩場のあちこちに、海の　水が　たまった　大小の　水たまり」と説明しています。②第一段落の後半部分で、しおだまりについて、「日ざしや　風、雨や　なみなどの　力が強く　はたらくので、生きものに　とっては、あまり　くらしやすい　場しょではありません」と説明しています。(2)前後の文の関係を読み取って解答します。直前の「生き物にとってくらしやすい場しょではない」という内容と、直後の「しおだまりにたくさんのヤドカリがいる」という内容が、相反するものであることを理解します。(3)空欄の場合は「見つけにくい」が、「うごきだすと　……見つけやすく　なります」と、動きだした場合と対比する形で説明されている点に注目します。(4)最後の段落で、「ヤドカリは、きけんを　かんじると　体を　ちぢめて、入って　いる　貝がらの　中に　かくれます」とあります。

16　日記・手紙を　読む ……………

● 74・75ページ（ステップ1）

❶ (1)ウ
(2)みんな・おべんとう
(3)サンドイッチ

考え方 (1)いつ、どこで、何をしたのか、わかるように書きます。ア「いつの　日」とイ「天気」については、日記に日付と天気が書かれているので、本文であらためて説明する必要はありません。(2)「……ことがいちばん　楽しかったです」と説明されています。(3)「……が　とても　おいしかったです」と食べたものについてふれています。

❷ (1)①ウ　②イ　③ア　④エ
(2)ウ

考え方 (1)はがきの書き方の基本的な知識です。自分の住所と名前は、少し小さな字で書きます。(2)どのようなことを伝える手紙なのか、読み取って解答します。

ここに注意　日記は特定の人にあてて書かれるものではありませんが、手紙は、誰にあてたものかが大事な要素です。誰あてのものか、あて名や内容などから正しく理解します。

● 76・77ページ（ステップ2）

❶ (1)(例)プールで　水えいの　れんしゅうを　した　こと。
(2)(例)水の　中で　目を　あける　こと。
(3)(例)夏休みの　あいだに　二十メートル　およげるように　なる　こと。
(4)(例)あしたも　がんばって　れんしゅうします。

考え方 (1)日記の、中心となる話題について、読み取ります。(2)「……できるように　なりました」という表現に注目して解答します。(3)目標という言葉は使われていませんが、「……ように　なりたいです」という表現から、目指している内容をとらえます。(4)あしたのことなので、「れんしゅうしました」はおかしな表現です。

❷ (1)らいしゅうの　日よう日・うんどう会・見に
(2)エ
(3)(例)ぜひ、おうえんして　ください。

考え方 (1)あいさつのあと、本題に入ります。その部分を見つけて解答します。(2)手紙を書いた日と、受け取る日はちがいますから、アのような内容は手紙文には用いません。また、イとウの内容は、それまでの内容とつながりがありませんから、不適当です。(3)ほかの部分は、敬体(「……です」「……ます」の形)で書かれています。この部分も、それにそろえて、敬体で書きます。

● 78・79ページ（ステップ3）

❶ (1)(例)こまかく　切る。(「ちぎる」「きざむ」なども可)
(2)(例)すりつぶし　くだく。
(3)(例)おなかに　はいって　「えいよう」に　なる。

(4)(例)体が　やせて　弱くなって　しまう。

(5)ウ→エ→ア→イ

考え方　(1)・(2)第二段落で、「まえば」と「おくば」の働きが説明されています。段落ごとの内容を整理しておく習慣をつければ、手がかりを素早く見つけることができるようになります。「前ば」は、「ごちそうを　こまかく　きります。ちぎります。きざみます」とあり、「おくば」は、「ごちそうを　すりつぶし　くだきます」と、その役割が説明されています。(3)次の段落に、同じ表現が繰り返されている点に注意します。「こまかく　ちぎれて、すりつぶされた　ごちそうは　おなかに　はいって「えいよう」に　なります」と述べられています。(4)設問文の「人の　からだは　どうなりますか」という内容に注意します。「えいように　ならない」という内容では、この設問文に対応しません。「体が　やせて　よわくなって　しまいます」という内容を手がかりに解答します。(5)第八段落以降の内容を参考に、正しい順番に並び替えます。

17　しを　読む (1)

・80・81ページ（ステップ1）

❶ (1)イ
(2)ア

考え方　(1)「かんかん照り」というように、「かんかん」は、日ざしが強い様子を表しています。「ひあがる」「ひびわれる」などの言葉も手がかりとなります。(2)三～五行目の内容を手がかりに解答します。「おしめり」とは「雨」のことで、雨が降らないと「おれは　ひあがる／からは　ひびわれる」と言っているのです。

❷ (1)エ
(2)イ
(3)ア
(4)かげ

考え方　(1)詩の題名が手がかりとなります。「つきよ」ですから、「夜」が正解です。(2)「おどかしてやろうと／かくれていた」ところ、うしろに「くろおばけ」がいてびっくりしたのです。つまり、かくれていたのは「ぼく」です。(3)直前にある「きゃーっと　にげた」という部分から、「ぼく」のおどろいてあわてる心情を読み取ります。(4)「ぼく」のうしろにも、「おまわりさん」のうしろにもある黒いものです。月明かりでできた「かげ」だと読み取れます。

ここに注意　詩では、擬人法や比喩など、様々な表現が使われます。想像力をふくらませて、何について書かれているのか、どんなことが書かれているのかを楽しみながら読んでいきます。

・82・83ページ（ステップ2）

❶ (1)デンデンムシ・にじの　みち

考え方　詩全体から、情景を読み取ります。デンデンムシの様子を比喩的に表しています。デンデンムシが歩いて行った先に、「おか」のようなデンデンムシのからがあり、そのうえに見える「しろいとうだい」が、デンデンムシの体です。詩の題名が、全体のテーマを読み取る手がかりとなることが多い点を覚えておきます。

❷ (1)いびき

考え方　「いびき」の音を、「ねじを　まく」音にたとえて表現しているのです。繰り返し「ねじを　まく」とあるのは、いびきが繰り返される様子を表しているのです。いびきをかいている間は、眠り続け、夢を見ていられるということです。

❸ (1)たった一つ・さくらんぼ
(2)ア
(3)エ

考え方　(1)「おしい」には、残念な結果という意味のほか、もったいないという意味もあります。詩の初めと終わりの部分に「たった一つの／さくらんぼ」という表現が繰り返されています。⑵七音と五音の言葉を並べることで、一定のリズム感を出している詩です。このような決まった音数で書かれた詩を「定型詩」といいます。俳句や短歌も一種の定型詩です。⑶詩全体を通して、中心の話題が何かを読み取って解答します。第一連と第二連で、繰り返し、「たった一つの／さくらんぼ」という表現が登場していることにも注目しましょう。

18 しを読む⑵

●84・85ページ（ステップ1）

❶ ⑴ウ
⑵子がにの　うちよ。
⑶エ

考え方 ⑴「さざえ」「うみの　むこう」などの表現から、えがかれている場面を読み取ります。すべて海に関係のある内容になっています。⑵「カサコソ　カサコソ」は、「子がに」の動く様子です。⑶「赤い夕日が／おやすみ……／また　あした……　って」という部分は、夕日が海の向こうに沈んでいく様子を表しています。これを見て、「うみの　むこうに／ベッドはあるの？」と述べているのです。

❷ ⑴エ
⑵ア
⑶ア

考え方 ⑴「ぼくに／くっついて」いるのは、「かなしみ」です。「かなしみ」が「ぼく」の近くにいるのですから、「ぼく」がかなしむ様子が表現されているのです。⑵「かなしみ」が「いつまでも／ぼくに／くっついて」いることや、第二連で、「ふかすぎるんだ」とあることから、いつまでもかなしい気持ちが続いている様子が読み取れます。⑶「ふかすぎるんだ」とあるように、かなしみがふかい様子をたとえた表現です。「ふかい」に対応するのは、アの「うみ」だけです。

●86・87ページ（ステップ2）

1 ⑴(例)お母さんが　ひつじの毛で　あんだ　ふかふかの　セーター。
⑵(ふかふかの)セーター
⑶冬が　来たころの　ようす。
⑷ことしも　よろしく

考え方 ⑴第一連の内容を手がかりに解答します。「ふかふか」、「ひつじのけの」、「お母さんが　あんだ」という内容を、一文にまとめます。⑵第一連の内容を受けて、「あんたを　ひっぱりだす」と述べています。⑶「あんたを　ひっぱりだすと／ふゆがきたんだなって　おもう」という一文を読むと、「ふゆがきた」ころの様子であることが分かります。

2 ⑴①イ　②ウ　③ア
⑵イ

考え方 ①一～二行目の内容から、ボールが空中に投げ上げられた様子であることが分かります。② ①で読み取ったとおり、ボールは空中に投げ上げられています。これが、その後、どのような動きをするのか、イメージして解答します。

●88・89ページ（ステップ3）

❶ ⑴おいも・モグラ・トンネル
⑵イ
⑶ノネズミ・おいも・あな

考え方 ⑴「ふとっちょおいも」は、大きく実ったおいものことを表現しています。また、「とうせんぼ」は、行く手をさえぎる様子を表します。そうした点を踏まえて、一文にまとまるよう解答します。⑵直前に「しかたがないから」とあります。これは、「モグラのトンネル」を「ふとっちょおいもが　とうせんぼ」しているため、やむを得ずおいもをよけてトンネルを掘っている様子を表しています。⑶「おいしい」という言葉から、「おいも」であることを読み取ります。モグラがおいもをよけて通ったのに対して、ノネズミはそのままおいもの中にトンネルを掘っているという対比が、この詩のおもしろさです。

❷ (1)①ア ②イ
(2)あたま

考え方 (1)①第一連の最初の二行の「にわか雨が ザーと 来て／日が カッと かがやいて」という部分に着目します。「水玉」は、にわか雨の水滴で、そこに日が差し込んで「キラキラ」と輝いているのだと読み取れます。②第一連の内容と、第二連の最初の二行の内容から読み取ります。①で見たように、にわか雨の水滴が木々の葉についているとき、「林の 中を／サッと 風が ふきぬけて」きたことで、その水滴が「パラパラ」と落ちたのです。(2)(1)で見たような場面で、その下をおそらく子どもたちが歩いていたのでしょう。上から水滴が落ちてきたので、「首を ちぢめて」「キャッキャッ／走って 通る」のです。

そうふくしゅうテスト ①

● 90・91ページ

1 (1)①サンゴ虫・イソギンチャク
②なみ・しずかな・えだ
(2)①オニヒトデ
②口・い・とかして
(3)(例)オニヒトデの とげには どくが あるから。

考え方 (1)第一段落で、サンゴがどのような生き物で、どのように成長するかが説明されています。何を問われているか正しく読み取って、手がかりを探します。①「小さな イソギンチャクのような どうぶつが あつまって 生活して いるのです」とあります。②「なみの しずかな 海で、明るい 水面に むかって えだを のばして せいちょうします」と述べています。(2)①ヒトデの名前が三種類、書かれています。どれが、サンゴにとって「こわい てき」なのかを正しく読み取ります。②第四段落に、「口から 自分の いを 出し、サンゴ虫を とかして 食べて しまいます」と、オニヒトデがサンゴを食べる方法について説明されています。(3)直前に「……ので」と理由を表す表現が用いられている点に注目します。オニヒトデの「とげに どくが ある」ので、魚はオニヒトデを食べようとしないのです。

ここに注意 説明文では、常に事実が客観的に書かれ、順序よく筋道立てて話が進んでいきます。段落やまとまりごとに何が書かれているか、何が起こっているのかなどをしっかり理解できるように読んでいきます。また、説明文では、題名が内容を端的に表していることが多いものです。

● 92・93ページ

2 (1)(例)小川の ほとりを 歩きながら、早く ねがいごとが かなうと いいなと 思って いた とき。
(2)ア
(3)おほしさま
(4)イ
(5)ウ
(6)きつね こんすけ

考え方 (1)問われている内容を正しく理解して解答します。「どんな とき」に手に入れたのかを問われています。「小川の ほとりを 歩きながら、早く ねがいごとが かなうと いいなって おもったの。そしたら……」と、赤いふねを手に入れたときの様子がえがかれています。(2)「目をぱちくりさせる」は、驚きなどで、まばたきを多くする様子を表します。かばの子が、見たことのないすてきな船を持っていたのを見て、母さんかばは驚いたのです。(3)直後に「おれいを いわなくちゃ」とあります。かばの子は、だれのおかげで赤いふねを手に入れたと思っているか、読み取って解答します。「お星さまに 赤い 船が ほしいって、おねがいしたんだ」というかばの子の言葉を手がかりにして解答します。(4)かばの子は、手に入れた赤い船にとても満足しています。その様子にあうものを選びます。ア「ぼんやり」は、ほかのことが気になっていて、集中できない様子、ウ「そわそわ」は、落ち着かない様子、エ「ふわふわ」は、やわらかい様子や浮かび上がる様子を表す言葉です。(5)(4)でも見たとおり、かばの子は、赤い船に満足しているので、その気持ちにふさわしい言葉を選びます。(6)少し後の母さんかばの言葉を手がかりにして解答します。「きつね　こんすけってかいてあるわ」と述べています。

そうふくしゅうテスト　②

1　● 94～96ページ

(1)(例)あさり貝を　うえて　いた。

(2)イ

(3)①(例)ふたりが　きつねだと　いう　こと。

②ウ

(4)(例)なぜ　貝を　うえるのか、ふしぎに　おもう　気もち。

(5)イ・エ(順不同)

考え方　(1)文章の少し後の部分に、「わたしたち、はたけを　つくったのよ」「あさりがいを　うえたんだ！」とあります。この言葉から、子ぎつねたちが何をしていたかを読み取ります。(2)おとうとぎつねが「ぴょこんと　とびあが」ったのは、あわてていたからです。きつねの姿のままであることに気付き、自分たちが実はきつねだと、ぜんさんにばれてしまうと思ったのです。(3)①「そのままの　すがた」とは、きつねのままの姿のことです。子ぎつねたちは、ぜんさんが自分たちがきつねであることを、知らないだろうと思っていました。しかし、実際には子ぎつねたちの「ひみつ」に気付いていたのです。②「ひとの　よさそうな　わらいを、うかべて」という表現に着目します。子ぎつねたちを思いやる、ぜんさんのやさしい気持ちを読み取ります。「わらいを、うかべて」の部分だけから、アの「ばかに　して　いる」、イの「とくいに　なって　いる」を選ばないこと。(4)花や草と違って、土に貝を埋めても芽は出てきません。ぜんさんは、子ぎつねたちが何のために「あさりがいを　うえた」のか分からず、とまどっているのです。(5)ぜんさんは、土に貝を埋めても芽が出ないということを知っています。しかし、自信たっぷりの子ぎつねたちの様子を見て、本当のことを言うことをためらっているのです。

ここに注意　物語文では、登場人物とその言動、場面や時の流れ、会話が重要です。これらをひとつひとつ意識しながら、読み取っていくようにします。